KB055460

우리는
행복할 수
있을까

우리는 행복할 수 있을까

초판 1쇄 발행 2016년 7월 31일

지 은 이 서덕주
발 행 인 권선복
편집주간 김정웅
디 자 인 최새롬
전 자 책 천훈민
발 행 처 도서출판 행복에너지
출판등록 제315-2011-000035호
주 소 (07679) 서울특별시 강서구 화곡로 232
전 화 0505-613-6133
팩 스 0303-0799-1560
홈페이지 www.happybook.or.kr
이 메 일 ksbdata@daum.net

값 13,000원
ISBN 979-11-5602-403-3 03330

Copyright ⓒ 서덕주, 2016

도서출판 행복에너지는 독자 여러분의 아이디어와 원고 투고를 기다립니다. 책으로 만들기를 원하는 콘텐츠가 있으신 분은 이메일이나 홈페이지를 통해 간단한 기획서와 기획의도, 연락처 등을 보내주십시오. 행복에너지의 문은 언제나 활짝 열려 있습니다.

'나'를 위하여 '배우자'를 위하여
'다름의 인정'에서 시작되는 **행복한 부부관계**

우리는 행복할 수 있을까

서덕주 지음

도서
출판 **행복에너지**

들어가는 말

100세 인생인 요즘 세대로 봐서는 인생의 절반을 산 나이지만, 우리의 부모님 세대로 본다면 꽤 살아온 나이가 되었습니다.

50여 년을 살면서(20여 년은 생각 없이 살았습니다.) 남들이 하는 대로 초·중·고 그리고 대학을 마치고 직장 생활을 하면서, 결혼이라는 것을 '남들이 다 하니까 나도 해야 되나?' 하는 단순한 생각으로 했습니다.

지금 이 나이에 생각해 보니 참 생각이 부족하고 성숙하지 못했던 것 같습니다. 그렇다고 결혼이라는 제도를 거부한다는 뜻은 아닙니다. 조금 더 신중하게, 인생의 커다란 의미를 생각하면서 미래를 설계했다면 더 좋지 않았을까 하는 아쉬움이 남습니다.

누군가는 그러겠죠. 생각이 없을 때 결혼을 해야 한다고……. 하지만 그것은 절대 아니라고 말하고 싶습니다. 지금의 우리 자녀들에게 부모, 특히 엄마로서 결혼에 대한 생각을 이야기했을 때 자녀에게 만나는 상대가 있다면 귀에 들어오지 않을 것입니다. 우리도 그 시절에 그랬던 것처럼…….

그러기에 우리의 자녀들에게는 나와 같은 미숙한 행동을 하지 않게 하려고 여러 잔소리를 하게 되지만, 항상 대답 없는 메아리가 되어 돌아옵니다. 그래도 나는 부모이고 엄마이기에 무한 반복으로 또 다시 잔소리를 합니다. 신중하고 생각 좀 하고 살라고…….

하지만 인생이라는 시간은 내가 탁상시계처럼 건전지를 빼서 멈추게 한다고 멈출 수 있는 것이 아닙니다. 내가 거부하든 순응하든 나의 의지와 상관없이 시간은, 인생은 흘러갑니다.

우리 나이 때 주변 중년 부부를 바라보면 사는 모습이 두 가지입니다.

첫 번째는 나이 들어갈수록 부부의 정이 깊어져 서로를 애틋하게 바라보면서 살아가는 부부입니다.

두 번째는 흔한 말로 소, 닭 보듯이 살아가는 부부입니다. 서로에게 관심 없이 살아갑니다. 즉, 한 지붕 두 사람입니다. 많은 부부들이 이 경우에 해당됩니다. 그리고 서로의 뇌관을 건드리면 폭발합니다. 그러기에 눈빛 교환도 신중해야 합니다.

우리는 어디일까요?

우리는 20, 30년 전에는 죽기 살기로 좋다 하여 결혼을 했는데 그동안 무슨 일이 있었기에 이렇게 되었을까요. 저는 이러한 생각을 정말로 많이 해 보았습니다. 왜? 왜? 왜?

답은 제 자신의 삶에서 알 수 있었습니다.

나 스스로, 배우자 스스로 그렇게 만들어 가면서 살

았다는 결론이 나왔습니다. 즉, 매너리즘이라고 할 수 있습니다. 서로에게 너무도 익숙해서 어떤 존중이나 예의가 없어진 것이라고 봅니다.

누군가는 그러겠죠. 편안해야지 어떻게 격식이나 예의를 차리면서 사느냐고요. 그렇게 생각하면 그렇게 그냥 사시면 됩니다. 그렇지만 배우자의 생각이 나와 같지 않을 수도 있답니다.

저 또한, 오랜 기간 살면서 왜 이 나이가 되어서 편안한 것보다는 힘들고 지치게 되고, 서로에게 못마땅한 것들이 생기게 되나 하고 생각했습니다.

부부는 서로가 다르다는 것을 인정하는 것에서부터 출발해야 한다고 합니다. 다름의 인정! 참으로 쉽고도 어려운 말입니다. 머리로는 이해가 되지만 가슴에서는 안 되는 그 무엇……. 그러나 안 되더라도 무한의 노력을 해야 합니다. 상대를 위해서, 나를 위해서…….

제 나름의 생각을 어렵지 않게, 소설 형식으로 쉽게 읽을 수 있도록 쓰게 된 계기입니다. 우리 모두는 책의 내용과 같이 알고는 있지만, 실천을 하기 어려운 평범한 사람입니다.

　　글을 쓰면서 나름대로 실천하려고 노력합니다. 어떤 부분에서는 저 자신도 실천을 못 하는데 과연 '내가 누군가에게 얘기할 자격이 되나?'라는 생각을 하기도 하지만, 우리 인간은 끊임없이 실수와 실천을 반복하면서 보다 나은 관계·사고로 성숙하게 살 수 있다는 믿음으로 부끄럽지만 글을 썼습니다.

　　이 책을 읽는 독자들도 저와 같은 마음으로 하나하나 느끼고 실천하면서 살아가기를 바랍니다.

　　그리고 나의 자녀들에게 엄마가 나이가 들어가면서 내가 하고 싶은 것들을 포기하지 않고 이뤄 나가는 모습을 보여 주고 싶었습니다. 열 마디의 말보다 한 번의 실천하는 모습을 보여 주고 싶습니다. 앞으로도

우리는 행복할 수 있을까

쭉…….

　　반백 년을 훌쩍 넘은 나이는 참으로 덤으로 사는 인생입니다. 요즘과 같이 사건, 사고, 질병이 많은 시대에 무사히 오십을 넘기고 산다는 것은 덤으로 사는 삶입니다.

　　그러기에 의미 없이 살기에는 너무도 아까운 시간, 인생입니다. 그 소중한 시간을 사랑하는 가족들과 갈등으로 살기에는 너무도 아깝지 않나요.

　　여러분도 저와 같이 용기 내서 하고 싶고 의미 있는 일들을 찾으셨으면 합니다.

목차

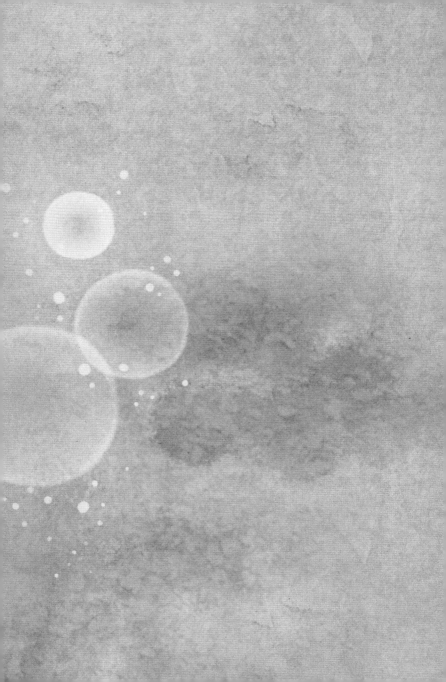

1

인생은 쳇바퀴와 같이
따분한 일상의
연속이 될 수도 있다

무더운 여름이 계속 이어지면서 소나기를 동반한 장마
가 시작된 지 일주일이 지나고 있었다. 7월의 온 세상은
마치 물에 젖은 옷처럼 모든 일상을 축축 처지게 만들었
다. 밤사이 내린 비가 아침이 되어서는 힘이 빠진 어린 아
이처럼 내릴 듯 말 듯 흩날리고 있었다. 여름 장마가 시작
되고 나서 가끔 비가 멈춘 날에는 모든 것을 삼켜버릴 듯
이 뜨겁고 강렬했다. 마치 온 세상을 녹일 듯이 비추고 있
었다.

매일 아침의 출근하는 모습은 언제 보아도 똑같다. 거
리의 사람들은 우산을 들고 지나가는 사람들을 피하려는
듯 움츠리며 무표정한 얼굴로 바쁘게 걸어가고 있었다.

우리는 행복할 수 있을까

모두들 외면하려는 듯 앞만 쳐다보며 걸어가고 있었다.

　박준성은 그 무리 속을 우산도 없이 담담한 표정으로
걸어가고 있었다. 어제 마신 술로 지금까지 속이 좋지 않
았다. 회사 팀 회식자리여서 마셨지만, 평소보다 더 많이
마신 탓에 머리는 깨질 듯이 아팠다. 오늘도 아침밥을 거
르고 빈속으로 나오려니 속이 더 쓰리고 아파오기까지 했
다. 이런 날에는 출근 안 하고 집에서 쉬고 싶다는 생각이
저절로 들었다.

　앞에 걸어가는 남자가 옆의 편의점에 들어가는 것을 보
며 생각 없이 따라 들어갔다. 편의점 음료수 진열대에서
우유 하나를 들고 계산을 마친 뒤 마셨다.

　편의점을 나오자 처음보다는 속이 진정된 것 같아서
가던 길을 계속 걸어갔다. 거리의 이방인들과 같이 자석
에 이끌리듯이 지하철 입구로 빨려 들어갔다. 비가 온 뒤
여서 지하철 안은 비로 인하여 눅눅하고 불쾌하기까지
했다.

박준성은 혼잣말로 중얼거렸다.

'내가 언제까지 이런 생활을 해야 하나…….'

다람쥐 쳇바퀴처럼 반복되는 일상은 박준성을 무기력하게 만들었다. 멍하니 지하철 안에 타고 있는 사람들을 쳐다보고 있으니 이런저런 생각이 들었다.

'저들은 모두 행복한 걸까…… 아니면 그냥 살아 있으니까 사는 걸까.'

사람들의 표정을 보면 행복한 건지 무표정한 건지 알 수가 없어 보였다.

'지금 무슨 생각을 하는 거야. 내 코가 석 자인데 남 걱정을 하고 있네…….'

어제도 아내 경희와 사소한 말다툼으로 기분이 안 좋았다. 요즘 들어 경희와 다투는 일이 부쩍 많아졌고, 그저께는 심하게 말다툼을 하고 서로에게 좋지 않은 감정으로 지냈다.

'여자들이란 왜 사람을 피곤하게 하는지 도통 모르겠어. 그냥 넘어가는 법이 없으니…….'

자꾸 생각할수록 짜증만 나고 이해할 수가 없었다. 하

지만 회사에 들어가 일에 몰두하다 보면 나아지리라 생각을 하고 마음을 접기로 했다.

지하철 통로를 따라 내리는 사람들을 토해 내듯이 긴 행렬이 이어졌다. 그 틈 속에서 박준성도 그들과 발을 맞추듯이 걸어 나오고 있었다.

사무실 안은 벌써 출근한 직원들이 바쁘게 움직이고 있었다. 박준성은 책상 앞에 앉으며 멍하니 다른 직원들이 움직이는 것을 바라만 보고 있었다. 어제 마신 술이 기도를 타고 역류하는 듯했다. 그때 옆자리의 정 과장이 사람 좋은 웃음을 지으며 말을 건넸다.

"얼굴이 왜 그래? 어디 아픈 거야?"

"……."

"왜? 와이프랑 아직도 냉전 중이야? 오래도 간다. 그만 수그러들고 백기 들어라. 길어봤자 너만 손해다. 누군들 특별하게 사는 줄 아냐. 다들 그러려니 하고 산다."

듣고만 있던 박준성은 한숨지으며 말을 이었다.

"정 과장은 나처럼 살지 마라. 큰소리치며 살든지……."

정 과장은 헛웃음을 지으며 말을 이었다.

"그래, 그래서 나는 마누라 앞에서 기죽이고 사는 거아니냐. 그게 속 편하다."

박준성은 허탈한 표정으로 말을 이었다.

"오늘 일 마치고 같이 술이나 먹자."

듣고 있던 정 과장은 손사래를 치며 말을 했다.

"너도 니 와이프가 술 먹는 거 싫어하는데 그렇게 먹고 싶냐? 나 봐라. 예전의 술고래가 지금은 안 먹잖냐. 마누라가 싫어하면 먹지 말아야 하는 게 잘 사는 도리다, 도리. 너는 떠들어라. 나는 마신다 그러면 왜 결혼했냐. 따로 살지. 싫어하는 거를 굳이 하려고 하면 싸움만 자꾸 하게 되는 게 뻔한데 그걸 반복하고 싶냐. 맑은 정신으로 집에 일찍 들어가서 애들하고도 놀고, 집에 관심 좀 갖고 살아야지 사랑 받는다. 알겠냐. 사랑 받을 행동을 해야 사랑받고 행복하게 사는 거야."

"한마디 잘못 꺼냈다가 아주 일장 연설을 듣는구나. 그만해라, 어휴."

"집안에 먹구름이 잔뜩 꼈는데 늦게 들어가시겠다

고……. 일찍 들어가서 애교도 좀 부리고 해라. 니 성질도 좀 죽이고…….”

박준성은 말을 잇기 싫다는 표정으로 고개를 저었다.

“오늘 아침도 활기차게 보내자고. 파이팅.”

정 과장은 힘내라는 표정으로 가볍게 주먹을 쥐고 자기 자리로 돌아갔다. 박준성은 일어나 정수기 앞으로 걸어가서 찬물을 컵에 따라 벌컥벌컥 마셨다. 찬물을 먹고 나니 속이 조금 가라앉은 것 같아서 기분이 나아졌다. 자리로 돌아온 박준성은 책상 위의 물건들을 정리하고 어제 처리하지 못한 일을 하기 시작했다.

*

박준성과 정 과장은 사무실을 나온 뒤, 나란히 회사 근처의 콩나물 국밥집으로 향했다. 식당 문을 열고 들어가니 식당 안에는 퇴근시간이 지났는데도 테이블이 반 이상 차 있었다.

회사 근처의 콩나물 국밥집은 10년 넘게 자주 가는 식당이다. 주변에 비슷한 콩나물 국밥집이 두세 군데 있지만, 이곳은 항상 손님들로 북적인다. 매스컴에 소개될 정도로 이름이 알려져 멀리서도 손님들이 찾아오는 식당이 되었다. 이 지역의 명물이 되었다.

메뉴는 오로지 콩나물 국밥 한 가지이다. 그것도 보통, 특대 두 가지뿐이다. 이 지역에서는 유명한 맛집으로 소문이 나서 항상 손님들로 가득 차 있었다. 식사 시간에 조금 늦게 들어오면 자리를 잡기 힘들 정도로 맛 또한 일품이다. 처음에 식당을 시작했을 때는 테이블이 6개 정도였는데, 맛집으로 소문이 나면서 지금은 배 이상으로 공간을 넓혔다. 또한, 사장 노부부는 항상 웃는 얼굴로 손님을 맞이하여 오가는 손님들도 맛 이상으로 정감이 가는 식당이 되었다.

둘은 구석에 있는 테이블에 앉았다. 나이가 지긋한 아주머니에게 주문을 했다.

"이모님, 여기 국밥 보통 두 그릇이요."

식당 아주머니는 물이 든 물통과 컵을 들고 테이블에 놓으며 "예."라고 하며 지나갔다.

우리는 행복할 수 있을까

정 과장은 컵에 물을 따라 마시며 말을 이었다.

"이 집 국밥은 언제 먹어도 참 맛있어. 집에서도 이 정도로 해주면 일찍 들어갈 텐데……."라며 우스운 표정을 지었다. 지금까지 입을 무겁게 닫고 있던 박준성이 말을 이었다.

"내가 이렇게 살려고 그렇게 오랫동안 연애하고 지냈나 싶다."

정 과장은 물컵을 내려놓으며 말을 이었다.

"왜 또? 무엇 때문에 싸웠는데? 부부싸움은 칼로 물 베기라잖아."

이에 반박하듯이 박준성이 말을 이었다.

"누가 부부싸움을 칼로 물 베기라 그랬냐, 그런 말은 다 옛말이다. 뭐가 그리 못마땅한지 사사건건 시비고 잔소리다. 이제는 아예 들어오지도 말란다. 꼴도 보기 싫다고……. 애들한테 싸우는 모습도 보여 주기 창피하다며 나가란다. 이럴 땐 혼자 사는 기획실 김 과장이 정말로 부럽다, 부러워."

박준성은 말을 마치고 한숨을 내쉬었다.

"웃기는 소리한다. 좋다고 결혼할 때는 언제고…… 쯧쯧쯧. 며칠 지나서 히죽거리고 웃을 걸……."

정 과장이 약 올리듯 말을 이었다.

그때, 식당 아주머니가 김이 모락모락 나는 콩나물 국밥을 들고 테이블에 내려놓았다. 잘 익은 깍두기와 배추김치도 내려놓았다.

"오랜만에 오셨네……."라며 말을 이었다.

정 과장은 배시시 웃으며 말했다.

"역시 이 집 콩나물 국밥이야. 어딜 가도 이 맛이 안 나요. 냄새 좋다."

마음씨 좋아 보이는 식당 아주머니는 많이 먹으라는 말을 남기고 다른 테이블로 걸어갔다. 박준성과 정 과장은 며칠 굶은 사람처럼 아무 말 없이 국밥을 먹기만 했다. 그릇을 다 비우고 나서야 정신이 돌아온 사람처럼 둘은 마주 보고 웃음을 지었다.

이때, 먼저 말문을 연 것은 정 과장이었다.

"그런데 영업부 이 부장님 말이야. 와이프가 오늘 내일 한단다."

박준성은 흠칫 놀란 표정으로 말했다.

"그래?"

"암이란다. 3년 전에 자궁암 수술을 했는데 재발해서 온몸에 다 퍼졌단다. 이 부장님 얼굴이 흙빛이야. 둘은 회사에서도 소문난 잉꼬 부부였는데……."

박준성은 어두운 표정으로 말을 했다.

"그래, 나이도 많지 않은데……. 어쩌냐."

정 과장도 어두운 표정으로 말을 이었다.

"이 부장님은 벌써부터 와이프가 세상 떠난 것처럼 매사에 의욕도 없어 보이고 어깨에 힘이 쭉 빠지셨어. 세상 다 산 사람 같아 보여. 안됐어……."

"그러게, 왜 안 그러겠어."라며 박준성이 말을 이었다.

정 과장은 식당 입구에 있는 커피 자판기에서 커피 두 잔을 뽑아 테이블 위에 놓으며 말을 했다.

"그러니까, 죽기 전에 후회하지 말고 살아 있을 때 알콩달콩 잘 살아야지. 안 그래?"

정 과장은 그렇게 말하며 커피를 마셨다.

*

아침에 내린 비는 어느덧 그치고 거리도 훨씬 깨끗하고 하늘도 청명하게 보였다. 박준성과 정 과장은 식당에서 나와서 가까운 공원으로 걸어갔다.

한여름이어서 그런지 저녁 8시가 다 되어가도 아직 어둡지가 않았다. 오랜만에 맑은 저녁 날씨에 공원에는 많은 사람들이 나와 있었다. 운동을 열심히 하는 젊은 사람들과 유모차를 몰고 나온 부부들도 있었다. 여름이라는 계절은 늦게까지 어둡지 않아 가족, 친구들과의 한가로운 시간을 갖기에 여유로운 계절이다.

먼저 말을 꺼낸 것은 정 과장이었다.

"그러지 말고 부부 상담소에 가서 상담을 좀 받아 보는 게 어때?"

듣고 있던 박준성은 깜짝 놀라며 말을 했다.

"미쳤냐, 내가 뭘 잘못하고 살았다고 그런 데를 가냐, 나는 안 간다. 우리 와이프라면 모를까……."

둘은 그 사이 물기가 마른 벤치에 나란히 앉았다.

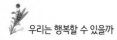

우리는 행복할 수 있을까

정 과장은 애써 다시 입을 열며 이야기를 계속했다.

"우리나라 사람들, 특히 남자들은 상담소 같은 데 가는 거 진짜 싫어하지. 정신과도 그렇고……. 하지만 문제가 해결되지 않으면 전문가의 도움을 받아야 되지 않을까. 그래서 그런 전문가가 있는 거잖아. 운동선수가 운동을 더 잘하기 위해 코치가 필요하듯이 우리 인생도 힘들고 답답하면 정신과나 상담사를 찾아 가서 상담하고 개선해서 나아지는 것이 필요하잖아."

이에 반박이라도 하듯이 박준성이 말을 이었다.

"정 과장, 박사 같다. 말도 잘 하고……. 그리고 내가 뭐 그렇게 문제가 많다고 남모르는 사람 앞에서 우리 가정사를 얘기하냐. 됐다."

정 과장은 씁쓸한 표정으로 입을 열었다.

"외국에서는 정신과 갈 때 부담 없이 잘 간다던데. 내 생각과 남의 생각이 맞지 않으면 조율도 해보고 부족하다고 생각하면 전문가의 도움이나 처방도 받는다고 하는데…… 우리나라에서는 쉽지가 않지……."

정 과장은 할 수 없다는 듯이 박준성의 어깨를 두드리

며 말을 이었다.

"그래, 그럼 와이프랑 얘기 잘 해 봐라. 너도 성질 좀 죽이고⋯⋯."

박준성은 못마땅한 얼굴로 쓴웃음을 지었다.

둘은 서로 마주보고 어색한 표정을 지으며, 먼 하늘을 말없이 쳐다보았다.

*

다음 날, 어제 내린 비로 하늘은 유난히 맑고 거리는 깨끗해져 있었다. 마치 가을날처럼 공기도 상쾌하고 구름도 높아 보였다. 맑고 상쾌한 날씨와 달리, 박준성은 요즘 아내 경희와의 일로 마음이 무거워 우울하게 느껴졌다.

'날씨는 왜 이리 좋은 거야.'라며 혼잣말로 중얼거렸다.

회사에 도착하고 자리에 앉은 박준성은 책상 위를 정리하고 컴퓨터의 전원을 켰다.

그때, 정 과장이 박준성에게 다가오며 말을 했다.

"일이 터졌어. 지금 진행하고 있는 프로젝트가 누군가

우리는 행복할 수 있을까

에 의해 외부로 유출되어서 회사가 발각 뒤집혔어."

"뭐라고……."

놀란 표정으로 박준성이 말을 했다.

"아마도 상대 회사에서 스파이를 둔 것 같다는 소문이 돌고 있어. 어떡하면 좋냐, 큰일이다."

정 과장은 한숨 섞인 목소리로 말을 했다.

"당분간은 계속 야근해야 될 것 같은데……."

박준성은 "그렇게 걱정이다."라고 말을 이었다.

"요번 프로젝트는 최근 진행하는 것 중에서도 가장 규모가 크고, 회사에서도 기대가 큰 건인데……."라며 정 과장은 말을 잇지 못했다.

박준성은 속으로 생각했다.

'요즘 왜 이러냐, 집안일도 신경 쓰이고 머리도 아픈데, 회사 일까지…… 어휴.'

정 과장은 볼일이 끝났다는 듯이 제자리로 돌아가다 다시 생각이 났다는 듯이 박준성에게로 걸어왔다.

"참, 어제 와이프랑은 얘기 잘해 봤어?"

박준성은 심드렁한 말투로 "아니……. 아무 말도 안 하고 그냥 잤어."라고 말했다.

"왜? 얘기라도 해야지 풀릴 거 아니야."

정 과장은 걱정스러운 표정으로 말을 이었다.

"와이프가 말하기 싫다고 해도 박 과장이 먼저 말을 걸기를 기다릴 수도 있는데, 왜 말 안 했어?"

박준성은 정 과장을 쳐다보며 어이없다는 표정으로 말을 했다.

"자기 혼자 화내고 장구 치고 북 치는데 내가 왜 먼저 손을 내밀고 말을 해야 하나?"

듣고 있던 정 과장이 말을 이었다.

"박 과장이 그런 생각을 가지면 이 싸움은 장기전이 된다. 잘 생각해 봐라. 그렇지 않아도 회사 일로 더 머리가 아파질 텐데 집안이라도 평화로워야 되지 않냐……."

박준성은 할 말이 없어졌다. 정 과장은 좋은 생각이 났다는 듯 말을 이었다.

"부부 상담소 가서 상담을 해 봐라. 그럼 해결책이 나올 수 있잖아."

이때 듣고 있던 박준성이 버럭 소리를 지르며 말을 했다.

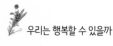

"뭐야, 또 그 소리냐."

큰소리로 말하는 박준성으로 인해 정 과장은 소리를 죽이며 말을 했다.

"왜 큰소리야. 성질 하고는……."

잠시 둘 사이에 침묵이 흐르고 난 뒤, 정 과장이 말을 이었다.

"그럼, 내가 아는 사람 소개 시켜 줄 테니 만나 볼 테야? 만나서 조언을 들어 봐."

가만히 듣고 있던 박준성은 귀를 기울이며 대답했다.

"누군데?"

정 과장은 박준성 옆에 다가가 의자에 앉으며 조용한 말투로 말을 이어 나갔다.

"내가 아는 사람의 아는 사람이야. 그런 부부 문제로 상담을 해 줘서 해결을 해 준 검증된 사람이거든."

정 과장은 확신에 찬 표정으로 말을 했다.

"누군지 알아야 만나든지 말든지 할 거 아냐."

정 과장은 목소리를 낮추라는 듯 손가락을 입에 대며 말을 이었다.

"까다롭기는…… 부부문제에 일가견이 있는 여자야. 한 가지 특이한 사항은 이혼녀라는 거지."

"뭐라고? 나보고 이혼녀를 만나라고? 그래서 이혼에 대한 조언이라도 들으라는 거냐."

박준성은 목소리를 높이며 말을 했다.

이에 정 과장은 어린아이를 달래듯이 조용하고 나직한 목소리로 박준성에게 다가와 말을 했다.

"박 과장은 이혼녀에 대한 잘못된 생각을 갖고 있어. 세상에는 이혼남이 있으면 이혼녀도 있는 거야. 이혼한 여자를 모두 문제 있는 여자로 취급하면 안 되지. 문제가 다 없는 것은 아니지만……. 안 그런 사람도 있다는 걸 알아야지."

박준성은 매우 불편한 표정으로 고개를 저었다. 정 과장은 박준성을 다시 설득하려는 듯 말을 이었다.

"지금과 같은 상황으로 계속 살고 싶다면 할 수 없고…… 그럼 어떻게 하겠다는 거야. 말을 먼저 건네라고 해도 싫다고 하고, 전문 상담을 받으라고 해도 싫다고 하고, 소개 시켜 주는 사람도 싫다 그러고 어떻게 할 건데.

조금이라도 개선되고 싶다면 한 번 정도 만나 보는 것도 나쁘지 않아. 잘 생각해 봐라."

할 말을 다 했다는 듯이 정 과장은 일어나 자리로 걸어갔다. 가만히 듣고만 있던 박준성은 힘겹게 입을 열었다.

"어떻게 아는 사람이야?"

"그런 건 알 필요 없고, 만나 보고 생각해도 늦지 않으니까."

정 과장이 말을 이었다.

"한 번 만나 보고 그 다음 만나서 계속 할 것인지는 그때 가서 결정해라. 그래야지 박 과장도 부담이 없을 거 아니야. 그렇지?"라며 웃어 보였다.

박준성은 결심한 듯이 정 과장을 쳐다보았다.

"그래, 잘했다. 먼저 다가서려는 사람이 있어야 해결의 실마리가 있는 거야. 내가 연락을 해서 말해 줄게."

정 과장은 박준성의 어깨를 가볍게 치며 자기 자리로 걸어갔다. 걸어가는 정 과장의 뒷모습을 보며 박준성은 작은 생각에 빠졌다.

지금까지 10년의 결혼 생활 중에 수 없이 크고 작은 다

툼이 있었지만, 매번 비슷한 언쟁과 반복되는 싸움에 지
쳐 가고 있었다. 또한, 남은 결혼 생활에 대한 자신감도
없어지고 결혼에 대한 의미도 힘겹게 느껴지기도 했다.

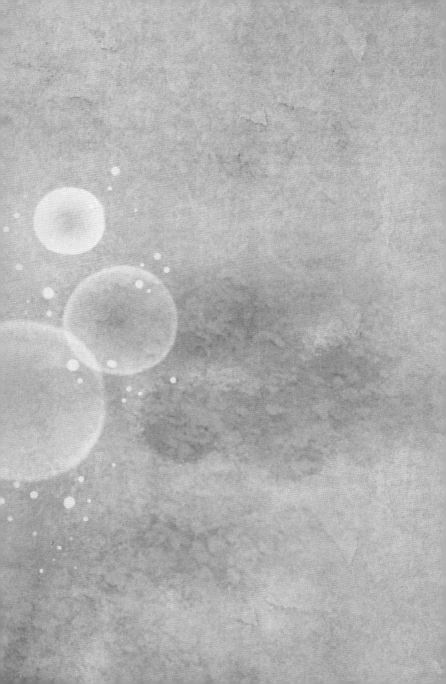

2

모든 것을 포용한다는 것은
너무도 어렵지만,
불가능한 것도 아니다

: 첫 번째 실천 과제

그 주 금요일, 박준성은 퇴근을 하고 정 과장이 미리 약속해 놓은 장소로 걸어가고 있었다.

'이혼녀라는 생각은 버리고 나에게 도움을 주실 분이라고 생각하고 진지한 대화 나누도록 해. 알았지?'라며 정 과장은 약속 장소와 시간을 알려 주면서 신신당부를 하였다.

약속 장소인 카페는 큰길가에 위치해 있어서 어렵지 않게 찾을 수 있었다. 약속 시간보다 일찍 도착해서 주변을 둘러보았다.

세상 사람들은 모두 저마다 행복해 보이는 듯했다. 힘들고 지치고 괴로운 것은 나 혼자인 것처럼 생각이 밀려

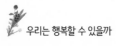

왔다. 내 마음이 즐겁고 편하면 모두가 나와 같이 행복한 것처럼 보이고, 내 마음이 괴롭고 힘들면 모두들 행복하지 않은 것처럼 보였다.

박준성은 큰 결심을 한 듯 굳은 표정으로 카페 문을 열고 주위를 둘러보고는 창가에 위치한 곳에 자리를 잡고 앉았다.

'지금 내가 잘하고 있는지 모르겠다.'

괜한 짓을 해서 얼굴도 모르는 사람에게 부부 사이를 얘기한다는 것이 불편하고 어색하기 짝이 없기 때문이었다. 하지만 어쩌겠는가. 벌써 약속을 정하고 만나기로 했으니, 이제 와서 안 한다고 그러기에는 정 과장에게 미안하고, 또 실없는 사람으로 보일까 봐 싫었다.

박준성은 착잡한 마음으로 테이블 앞에 앉았다. 저녁 시간이 지났음에도 카페 안에는 사람들로 가득 찼다. 창밖으로 본 바깥 풍경은 바쁘게 걸어가는 사람들로 북적이고 있었다. 젊은 남녀가 팔짱을 끼고 뭐가 그리 즐거운지 서로 웃으면서 지나가는 모습을 보고 있으니, 문득 아내 경희와의 연애 시절이 떠올랐다.

대학 때 캠퍼스 커플로 만나서 7년 가까이 연애를 했다. 학교 안에서는 모든 친구들의 부러움을 살 정도로 둘이 만나는 것을 다 알고 있었다.

둘은 항상 어디를 가든지 같이 다녔다. 박준성은 군대 제대 후 복학을 하였고, 아내 경희는 1학년 신입생이었다.

같은 수업을 듣고 있을 때, 경희의 수업에 집중하는 모습이 귀엽기도 하고 진지해 보여서 먼저 말을 건넨 것은 박준성이었다. 그 뒤로 둘은 매일 만나면서 가까워지기 시작했다.

서로 대화도 잘 통했고, 무엇보다 세상을 바라보는 시각이나 인생에 대한 가치관도 많은 부분이 일치하여 서로에 대한 공감대가 형성되었다. 또한, 여행이나 운동과 같은 취미 생활도 같아서 주말마다 가까운 산에 가고, 한강변에서 자전거를 타거나 걷는 시간을 많이 가졌다.

아주 가끔씩 서로의 의견이 다를 때에는 사소한 말다툼으로 번지곤 하였지만, 항상 잘 웃는 경희에게는 오래 지속되지는 않았다.

박준성과 경희는 오래 사귄 탓에 누가 먼저 결혼 얘기

를 꺼내기도 전에 당연히 결혼을 해야 한다는 생각이 자연스럽게 들었다. 그래도 박준성은 한 번뿐인 결혼이기에 기억에 남는 프러포즈로 경희를 감동하게 했다. 결혼 준비를 하면서도 서로가 예민한 시기라 사소한 감정 다툼은 있었으나, 큰 문제없이 결혼을 하게 되었다.

다른 부부들처럼 신혼 생활은 행복하고 즐거운 하루하루였다.

그렇게 1년 가까이 지난 뒤, 첫째 아이가 태어나고 아이 중심으로 생활을 하게 되면서 둘 사이는 어느덧 다른 부부들처럼 서로에 대한 관심과 애정이 차차 사라지게 되었다.

그래도 이렇게 사는 것이 남들과 같이 살아가는 과정이라 생각했기에 서로를 돌보고 관심을 갖는 것에 점점 더 소홀해지기 시작했다.

잦은 회식과 회사 업무로 늦게 들어가는 일이 많아지고, 아내 경희는 한 살 터울의 아이들을 키우느라 둘 사이는 대화가 없어지고 자연스럽게 남남처럼 느껴지는 나날이 지속되었다. 그러면서 서로 간에 상대에게 요구하거나 이해 받고 싶어 하는 마음이 크다 보니 다툼이 많아지면서 각방을 쓰기 시작하였다.

　서로의 얼굴을 보는 시간은 하루에 한 시간도 되지 않는데, 그 시간마저도 무표정과 짜증 섞인 목소리로 얘기하는 시간이 되었다. 그러나 서로에게 돌이킬 수 없는 큰 상처나 다툼이 없었기에 박준성은 나만 그러고 사는 것이 아니라는 생각으로 지금까지 지내온 것 같았다.

　지금까지의 힘든 상황을 생각해 보면 뭐가 문제가 돼서 여기까지 오게 되었는지 머릿속이 복잡할 뿐이었다. 풀리지 않는 실타래가 엉켜진 것같이 혼란스럽고 답답하기까지 했다.

　박준성은 한숨이 저절로 나왔다. 그때, 누군가가 박준성 앞으로 걸어왔다.

　"혹시, 박준성 과장님 맞으신가요?"

　박준성은 생각에 빠져 있다가 깜짝 놀라 일어섰다.

　"아, 네…… 제가 박준성입니다."

　차수경은 가벼운 미소로 말을 이었다.

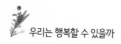

"안녕하세요. 처음 뵙겠습니다. 제가 좀 늦었나 봐요. 정 과장님이 말씀하신 차수경이라고 합니다."

박준성은 아니라는 듯 고개를 저으며 말을 이었다.

"아닙니다. 제가 일찍 도착했습니다. 앉으시죠."

차수경은 입가에 미소를 지으며 박준성 맞은편에 앉았다. 그녀는 세련되고 지적으로 보였다.

누가 봐도 당당한 커리어 우먼의 모습이고 교양이 있어 보였다. 순간적으로 '왜 이혼을 했을까'라는 생각이 들 정도로 첫 인상은 매우 선하고 부드러워 보였다.

"다시 인사드리겠습니다. 차수경입니다. 저에 대해서 정 과장님이 어떻게 말씀하셨는지 모르겠지만, 지금은 돌싱입니다."

차수경이 말을 이은 뒤, 잠시 둘 사이에 어색한 침묵이 흘렀다. 차수경이 말을 이었다.

"저는 지금 혼자 사는, 쉽게 말해 이혼한 여자입니다. 저에 대해 처음 들으셨을 때 반감이 드셨을 겁니다. 특히, 우리나라에서는 이혼한 남자보다 이혼한 여자에 대한 편견이 심하죠. 기가 세다느니, 타협이나 화합이 안 될 거라는 생각들도 많이 하시죠. 저 또한 제가 이렇게 이혼하게 될 줄은 생각하지도 않았으니까요. 비록, 지금은 이혼은 했지만, 사고의 폭은 전에 비해 넓어졌다고 봐야죠. 지금은 상대를 이해하게 되더군요."

차수경은 부드러운 미소를 지으며 말을 이어 나갔다. 듣고만 있던 박준성은 무슨 말로 이야기를 해야 할지 몰라 고갯짓만 끄덕였다.

차수경이 말을 이었다.

"차 드시겠어요?"

"네, 시간 내 주셨으니 제가 대접하겠습니다. 뭘로 하시겠어요?"

"아메리카노로 할게요."

"네."

박준성은 카운터로 걸어가서 주문을 하고 아메리카노 두 잔을 들고 자리로 와서 앉았다. 커피가 둘 사이의 어색함을 녹이는 것 같았다.

커피를 한 모금 마신 차수경이 먼저 말을 이었다.

"앞으로 저와 일주일에 한 번, 3주 동안 세 번 만나실 거예요. 제가 말씀 드린 과제를 일주일 동안 실천하시고, 그다음 주에 다른 과제를 말씀 드릴 겁니다. 즉, 일주일에 한 번의 과제니까 세 번의 과제입니다. 어렵지는 않고요. 내가 어떻게 실천하느냐에 따라 효과가 나타납니다. 즉, 부부생활이 새롭게 달라집니다."

박준성은 너무도 쉽게 말을 잇는 차수경에 잠시 놀라는 표정을 지었다. '정 과장이 별 것도 아닌 것처럼 얘기를 했나.'라는 생각이 들었다. '단 3주 만에 모든 문제가 해결된다고?'라고 속으로 중얼거렸다. 차수경의 말에 속마음을 들킨 것처럼 깜짝 놀란 박준성이 말을 이었다.

"3주면 모든 문제가 해결되나요?"

듣고 있던 차수경은 입가에 미소를 지으며 말을 했다.

"박준성 과장님의 실천력이 매우 중요합니다. 모든 문제의 해결은 깨닫고 실천하는 것이 중요합니다. 그래서 힘들고 어렵고 쉽지 않지만, 또 한편으로는 간단하게 생각하시면 쉽기도 하답니다. 오늘 제가 실천 과제를 설명 드리기 전에 먼저 말씀 드리고 싶은 것이 있습니다. 세상의 절반은 남자이고, 절반은 여자입니다. '화성에서 온 남자, 금성에서 온 여자'라는 말이 있죠. 이 말은 여자와 남자는 근본적으로 다르다는 말입니다. 외형적으로도 다르지만, 생각하는 것도 다르답니다. 같은 상황을 보더라도 서로 다르게 생각합니다. 세상에 나와 같은 생각을 하는 사람은 나 혼자라고 생각하시면 됩니다. 그러기 때문에 철저히 다를 수 있다는 전제하에 접근을 해야 합니다. 그래야 상황에 따라 생기는 문제를 남자와 여자가 다르게 생각한다는 것을 알고 서로 간에 행동과 사고를 이해할 수 있답니다."

차수경은 담담한 표정으로 다시 말을 이었다.

"오늘 제가 박준성 과장님께 드릴 실천 과제는 '이해'입니다."

박준성은 흠칫 놀란 표정으로 말을 이었다.

"예?…… 이해 말입니까?"

차수경은 어린 학생에게 설명하듯이 말을 했다.

"네, 이해입니다. 말 그대로 상대를 이해하라는 말입니다."

 우리는 행복할 수 있을까

박준성은 속으로 '그러면 그렇지. 무슨 대단한 해결책이나 되는 줄 알았네.'라며 생각했다. 그러면서 약간 실망한 기색을 내보였다.

차수경은 잠시 시간을 두고 말을 이어 나갔다.

"제가 말씀 드린 '이해'라는 말에는 두 가지 의미가 있습니다."

차수경은 커피를 한 모금 마시고 다시 말을 했다.

"우리가 생각하는 일반적인 이해라는 것은 내가 상대를 하나에서 열까지 전부 다 넓은 마음, 아량으로 말 그대로 온전히 공감하고 포용하는 겁니다. 전지전능하신 하나님이나 자비하신 부처님의 경지나 그에 준하는 종교인이나 위대하신 분들이 하시는 이해라고 할 수 있죠. 평범한 사람들은 실천하기가 쉽지 않겠죠. 내 마음이 편안하면 상대에 대한 이해가 잘될 수도 있지만, 내 마음이 불편하고 짜증이 난다면 이러한 이해의 폭은 좁아진답니다. 내가 왜 그들의 잘못된 행동과 말에 이해를 해야 하냐고들 얘기하죠. 예를 들면, 몸이 매우 아픈 사람이나 어린 아기가 운다면 우리는 그들을 쉽게 이해하려는 마음으로 대하죠.

그럴 수밖에 없다고. 그래서 아픈 사람의 짜증 섞인 말을 그대로 들어준다거나 우는 아기에게 같이 짜증을 부리지 않고 달래주는 거죠."

차수경은 잠시 숨을 고르듯이 말을 멈추고 다시 말을 이어 나갔다.

"그렇지만 이러한 이해 말고 상대 배우자나 직장에서의 동료와의 관계, 일반적인 타인과의 관계에서는 이런 이해가 잘 되지 않습니다. 왜 그들은 나와 같은데, 나만 이해를 해야 하느냐, 서로 간에 이해를 같이 해주어야 한다는 생각이 있기 때문이죠. 즉, 쌍방 간의 이해가 같이 되어야 한다는 생각이 있기 때문이죠."

박준성은 차수경의 말을 듣기만 하고 있었다.

"또 다른 이해는 바로 이러한 관계에서의 이기적인 이해입니다. 이 말은 '아, 저 사람은 저렇게밖에 말을 할 수 없는 사람이구나.'라고 이해하는 거죠. 앞에 설명 드린 이해하고는 다릅니다. 이러한 이해는 상대를 단순히 무시하는 것이 아니라 나와 다름으로 인정하는 것입니다. 말 그대로 나를 위한 내 마음이 편하기 위한 이해입니다. 상

대 배우자가 나에게 화를 낸다거나 짜증을 내거나 의견의
다름이 있을 때 같이 대응하면서 화를 내는 것이 아니라,
'저렇게밖에 표현할 줄 밖에 모르는구나.'라고 생각하면
어느 정도 이해가 된답니다."

차수경은 조금 숨을 고른 뒤 말을 다시 이어나갔다.
"모든 관계에서의 싸움은 상대가 나 같지 않고 생각이
나 의견이 다름에서 시작됩니다. 그 자체를 인정해야 한
다는 것이지요. 그것이 이기적인 이해라고 할 수 있습니
다. 나와 다른 생각 또는 엉뚱한 말을 할 때도 나의 생각
과 다름에 화를 내지 말고 '저렇게 생각을 하는구나.'라고
인식을 하시면 됩니다. 상대의 감정이 화가 나 있을 때 내
마음만 편안하면 된다고 자칫 잘못 이해해서 무시하라는
것이 아닙니다. 이해라는 것은 내 감정이 상대 감정에 휩
쓸리지 않는다는 겁니다. 상대가 내 마음에 들지 않는 행
동이나 말을 했다고 같이 화를 내는 것은 내 감정에 충실
하지 않은 것입니다. 또한, 나의 소중한 감정이 상대의 감
정에 따라 움직일 수 있다는 것입니다. 배우자는 다른 타

인과는 다릅니다. 오해가 있다면 적극적으로 풀려고 노력을 해야 합니다. 말 그대로 이해가 되시나요?"

듣고 있던 박준성은 묘한 표정을 지으며 말을 했다.

"글쎄요, 잘 모르겠는데요. 말씀 자체는 알아듣겠는데⋯⋯."라며 말꼬리를 흐렸다.

듣고 있던 차수경은 웃음 띤 얼굴로 말을 했다.

"네, 처음에는 이런 내용의 말을 이해하고 납득하기 어려워하십니다. 그러나 길을 가다가 처음 보는 사람이 나에게 욕을 한다면 나도 똑같이 할 수 있지만 '뭐야, 저 사람은?' 하며 이상하게 생각하거나 무시하려는 마음도 있겠죠. 이와 비슷하다고 생각하시면 됩니다. 그리고 상대와의 대화에서 갈등이 생긴다면 쉽지는 않겠지만, 3초 동안 심호흡을 한다면 그 순간을 넘길 수 있답니다. 비록 고차원적인 이해는 아니지만, 그 상황을 정리할 수 있는 최선의 방법입니다. 상대의 입장에서 그렇게밖에 할 수 없는 상황이라고 생각한다면 큰 다툼은 넘길 수 있답니다. 내가 맞대응하지 않는 것만으로도 큰 싸움으로 번지지는 않지요. 매사에 상대에 대한 불만스러운 부분도 이러한 이해를 적용한다면 상대가 조금은 안쓰럽거나 도와주고 싶은 마음이 들 수도 있습니다. 세상에서 타인과의 싸움은 나와 같지 않다고 생각하기 때문에 일어납니다. 세상에 나와 같은 생각을 하는 사람은 나 혼자입니다. 내 생각과 의견에 모두 같을 수는 없습니다."

가만히 듣고 있던 박준성이 한마디 말을 했다.

"상대가 짜증이나 화를 냈을 때 내가 이러한 이해를 한다는 것은 어떻게 보면 지는 게임 아닌가요?"

차수경은 소리 없이 미소를 지으며 다시 말을 이었다.

"상대, 특히 부부지간에 이기고 지는 것은 없답니다. 그냥 그렇게 느끼고 싶은 거지요. '지는 것이 이기는 것이다.'라는 말이 있죠. 저도 처음에는 이 말을 이해를 못 했는데 지금은 이해가 갑니다. 상대와 똑같이 행동하고 말을 한다는 것은 상대의 페이스에 말려드는 것이죠. 특히, 말다툼할 때 그렇죠. 그런 상황에서는 나의 페이스가 지는 겁니다. 여기서 진다는 것은 스포츠에서와 같이 진다는 의미가 아닙니다. 내가 상대보다 한 수 위여서 그냥 엎드려 있다는 뜻입니다. 아니면, 내 마음이 평정을 찾고 안

정되었다고 말할 수 있습니다."

듣고만 있던 박준성이 말을 이었다.

"잘 이해가 가지 않는군요."

차수경이 이해하는 표정으로 말을 했다.

"네, 처음에는 쉽지 않을 겁니다. 내 마음을 참으라는 뜻이 아니라, 그냥 벌어진 상황 그 자체를 이해하라는 겁니다. 불교로 해석하자면, 산에 있는 바위보고 너는 왜 그렇게 못생겼냐고 하면 바위가 화를 냅니까, 못생겼다고 하는 내가 웃긴 사람이 됩니다. 바위는 그냥 바위일 뿐이고, 상대는 그냥 내가 아닌 상대일 뿐입니다. 그 사람의 생각 그 자체를 나의 생각에 집어넣지 말아야 합니다."

숨을 고른 차수경이 말문을 다시 열었다.

"어떤 연예인이 이런 말을 했습니다. 이해할 수 없는 상황이 되었을 때, '그럴 수 있어.' 이 말 한마디에 그 이해의 깊이가 함축되어 있습니다. 그러나 대부분의 사람들은 내가 이해할 수 없는 상황이 생기면 '도저히 이해할 수 없어.'라며 상대의 말과 행동을 부정하려 하죠. 우리 모두 그런 상황이 돼서 '그럴 수 있어.'라고 이해한다면 지금보다 훨씬 나아진 관계로 지낼 수 있습니다. 부부 사이에서도 '당신은 왜 그래?'라는 말보다 '그래, 그럴 수도 있겠네.'라는 말을 한다면 상대는 이해를 받았다는 마음에 또 다른 이해심이 생길 수도 있답니다."

박준성은 알 수 없다는 표정으로 말을 했다.

"어렴풋이 이해가 되는 것 같긴 한데 어렵습니다."

듣고 있던 차수경은 가벼운 미소를 지으며 말을 이었다.

"네, 어려울 수도 있지만, 쉽기도 합니다. 타인, 즉 상대를 인정하고 이해한다는 것은 나를 굽히는 것이 아닙니다. 상대보다 내가 생각의 깊이가 깊고 사려심이 많다고 생각하시면 됩니다. 그렇게 생각을 하게 되면 마음 편하게 실천하실 수 있습니다. 일주일 동안에 '이해'라는 단어에 집중하셔서 실천하시도록 노력해야 합니다. 상대를 변화시키고 싶으시다면 내가 먼저 변해야 상대도 변한답니다. 요구가 아닌 실천이 매우 중요합니다. 비유를 하자면, 운동선수가 서로 똑같은 전략을 갖고 게임에 임한다면 승자나 패자가 없는 힘겨운 싸움만 됩니다. 내가 상대를 대할 때, 긍정적이고 바람직한 태도와 말씨를 보여준다면 상대도 그 뜻을 분명히 헤아릴 것입니다. 그렇게 된다면 내가 먼저 변한 것에 상대도 따라 변하게 된답니다. 일주일 동안 잘 실천하시고 일주일 뒤에 다른 과제로 만나겠습니다.”

이 말을 남기고 박준성은 차수경과 헤어졌다.

카페를 나서며 박준성은 많은 생각이 들었다.

처음 만난 사람과 짧지 않은 시간에 많은 이야기를 했지만, 아직도 내가 뭘 잘못해서 이렇게까지 노력 아닌 노력을 해야 하나라는 마음이 앞섰다. 하지만 먼저 깨닫고 노력한다면 반드시 좋은 결과가 되리라 생각하였다. 차수경과의 긴 대화로 변화가 가능한 것인지 의문이 들었지만, 지금으로써는 어떠한 해결책이 없기에 일주일을 ‘이해’라는 단어에 집중하며 지내야겠다는 생각이 들었다.

첫 번째 실천 과제: 이해

타인, 즉 상대를 이해하고 인정한다는 것은 나를 굽히는 것이 아니다.

상대보다 내가 생각의 깊이가 깊다고 생각하면 된다.

이해한다는 것은 상대보다 내가 낮아지는 게 아니라,

내 마음이 편안해지기 위함이다.

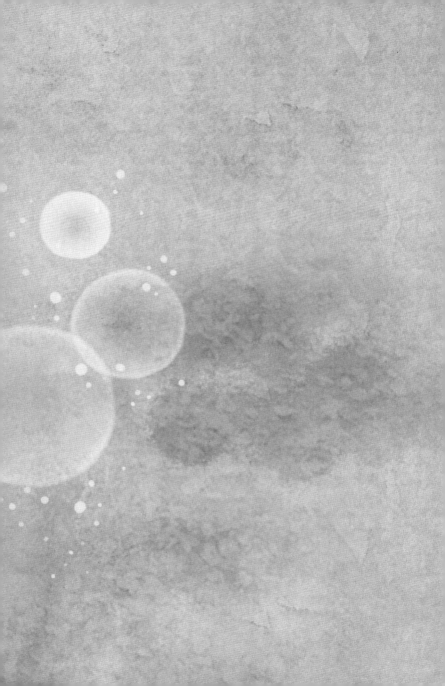

3

인생은 나름의
즐거움이 있어야 한다

새로운 한 주가 시작되었다.

매년 봄, 여름, 가을, 겨울의 계절들이 오고 가고 했지만, 올해 여름은 유난히 더 덥고 지치게 하는 것 같았다. 여전히 덥고 후덥지근했다. 며칠 사이로 밤에는 장대 소나기가 내리고 아침이 되면 맑은 날씨가 계속되는 날이 반복되었다.

비가 와서 하늘은 높고 청명하였지만, 기온이 높아 습한 것까지 더해 푹푹 찐다는 말이 절로 나올 정도였다. 계속 이어지는 더위로 인해 가을이라는 계절이 다가오지 않을 것만 같았다.

박준성은 이른 아침에 출근을 하여 책상에 앉아 골똘히

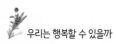

생각에 빠졌다. 차수경과의 만남으로 많은 이야기를 나눴지만, '과연 내가 잘 실천할 수 있을까?'라는 생각에 머리가 혼란스러웠다. 그러나 먼저 이해하고 실천한다면 관계 개선이 되리라 믿고 싶었다.

차수경과 나눈 대화가 꼭 부부 사이에서만 적용되는 것은 아니라는 생각이 들었다. 직장 생활과 사람들과의 관계, 부모, 자녀와의 관계에서도 모두 적용될 수 있을 거라는 생각이 들었다. 그중에서도 가정 내에서, 특히 부부 관계에는 더욱더 절실하고 필요할 것 같았다. 아내 경희와의 결혼 생활은 생각지 않은 문제로 힘들었지만, 지금이라도 늦지 않았다는 것에 위안을 하며 행복한 가정을 만들 수 있으리라는 믿음을 갖고 싶었다.

그때, 정 과장이 웃으면서 손짓을 하며 다가왔다.

"어때, 잘 만났어? 많은 얘기 나눴어?"

박준성은 힘없는 목소리로 대답했다.

"그냥……."

정 과장은 박준성의 심드렁한 말투에 말을 이었다.

"웬 대답이 그래? 별 진전이 없었어?"

박준성은 힘없이 말꼬리를 흐렸다.

"그런 건 아닌데…… 뭐가 뭔지 아직 잘 모르겠어. 처음 만나서 몇 시간 동안 대화했다고 금방 나아지겠어."

듣고 있던 정 과장은 동의한다는 듯이 고갯짓을 하며 말을 했다.

"차수경 씨는 아는 분의 지인인데 모든 면에서 완벽할 정도로 그런 여자였대. 그러기에 결혼을 정리한다고 들었을 때, 주변 사람들이 많이 놀랐다고 하더라고. 사람과의 관계는 누구도 장담을 할 수 없는 것 같아. 무조건 숙인다고 잘 사는 것도 아니고, 똑똑하다고 모두 현명하게 사는 것도 아닌 것 같고……. 그래서 차수경 씨도 이런 상담 전문가로 나서게 될 줄은 본인도 꿈에도 생각 못 했다고 하더라고. 현재의 고통을 긍정적으로 바꾼 케이스라 할 수 있지. 어떤 전문가도 본인의 절실함과 경험이 없이는 그 고통을 함께 느끼기가 쉽지 않거든."

정 과장은 계속 말을 이었다.

"그래도 차수경 씨로 인해 상담 받은 사람들이 많이 좋아졌다고 하더라고. 진짜 심각하게 이혼 위기에 놓인 부부도 차수경 씨와 상담을 하고 잘 극복하고 잘 산다고 들었어. 차수경 씨가 이 분야에서는 꽤 인지도가 있는 분이야. 이혼녀라는 것 때문에 선입견이 있어서 그렇지, 아주 상담을 잘하는 사람이야. 우리도 살면서 힘든 과정을 겪고 나서 더 잘해 나갈 수 있는 것처럼 그렇게 생각한다면 이해가 되지 않겠냐. 차수경 씨는 본인이 그런 고통을 겪어 봐서 누구보다 결혼 생활에서 오는 아픔과 힘든 과정을 잘 알고 있어서, 더 효과적으로 진심을 담아서 상담을 할 수 있는 것 같아. 진짜 행복하고 갈등이 없는 부부들은 이해를 못 한다더라. 본인들이 행복해서 그런지 다른 모든 부부들도 다 행복하게만 보는 것 같아. 참 쉽게 이해가 안 되지."

박준성은 알아들었다는 듯 고개를 가볍게 끄덕였다.

"그래, 차수경 씨와의 만남을 계기로 진지하게 생각해 보고 노력해야지."

정 과장은 박준성의 얘기에 미소를 지으며 말을 이었다.

"잘 생각했다. 좋은 얘기 들어서 나쁠 건 없으니까 잘 듣고 좋아졌으면 좋겠다."

그 말을 남기고 정 과장은 자기 자리로 돌아갔다. 박준성은 멍하니 컴퓨터의 전원을 켜고 휴대폰을 만지작거렸다.

경희에게 잘해 보자는 메시지를 보낼까 망설이다가 그만 휴대폰을 덮었다. 아직까지는 '이해'라는 말이 크게 와 닿지 않기에 쉽지가 않았다. 박준성은 마무리하지 못한 업무를 하려고, 어질러진 책상을 정리하기 시작했다.

모든 일이나 관계도 하나의 실타래를 풀어 가는 과정이라 여기면 조급하게 생각할 필요 없이 주어진 여건에 최선을 다 한다면 좋은 결과, 성과가 있으리라 믿고 싶었다. 그리고 당연히 그렇게 되고 싶은 마음이 무엇보다 강하고 절실했다.

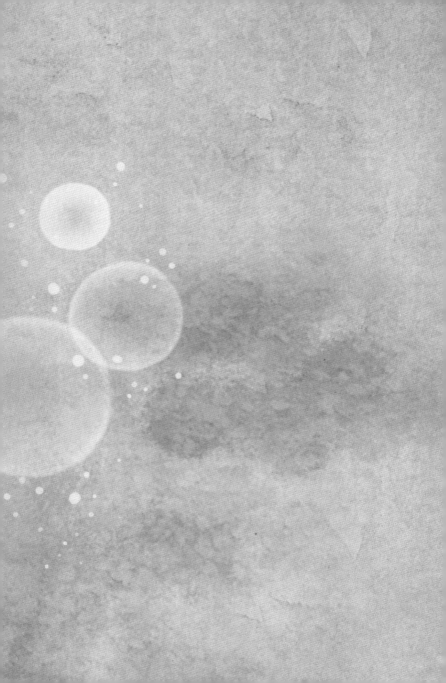

4

마음의 시야가 넓으면
길은 많이 있다

: 두 번째 실천 과제

어느덧 약속한 일주일이 지나서 두 번째 만남이 되었다.

박준성은 약속 장소로 걸어가고 있었다.

많은 인파 사이를 지나 카페로 향하고 있는데, 앞에서 오던 휴대폰에 정신이 팔린 젊은 청년과 부딪혔다. 그러면서 청년의 휴대폰이 거리 바닥으로 떨어졌다. 박준성은 몇 초 사이로 화가 나서 못마땅한 표정으로 '똑바로 걸어 다녀.'라는 말이 순간적으로 튀어나오려 했지만, 일주일 전의 과제가 떠올라서 생각과 달리 "죄송합니다."라는 말이 먼저 나왔다. 그렇게 말하자, 상대도 "정말 죄송합니다."라며 연신 머리를 숙이면서 미안해하며 휴대폰을 주워 총총히 걸어갔다.

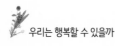
우리는 행복할 수 있을까

박준성은 잠시 그 자리에 멈춰 서서 생각을 했다. 예전 같았으면 먼저 화를 냈을 것이다. 분명히 상대의 잘못으로 부딪혔는데, 내가 먼저 사과를 하는 상황이 되어 버렸다. 내가 먼저 미안하다고 하니, 상대는 더욱더 미안해하지 않았는가. 만약, 먼저 감정적으로 화를 냈다면, 상대도 아까와 같이 연신 미안해하지 않았을 수도 있었다.

박준성은 순간 '그래, 이거구나. 내가 평온한 상태라면 어떤 돌발적이고 다른 상황이 생기더라도 내 감정은 상대의 행동, 말에 따라 휩쓸리지 않고 평온을 유지할 수 있는 거로구나.'라는 생각이 들었다.

내가 먼저 화를 냈다거나 상대가 화를 낼 때 똑같이 대응한다는 것은 남의 사사로운 감정에 끌려 다니는 것이라는 차수경의 말이 생각이 났다. 그렇다. 모든 생각의 중심을 나에게 두고 주변을 바라보면 '이해'라는 것에 집중할 수 있는 것 같다. 사람과의 관계에서는 무엇보다도 내 마음의 상태가 중요하다는 사실을 알게 되었다.

박준성은 새로운 경험과 깨달음을 받았다는 것에 입가에 미소가 저절로 번지고, 그전에는 느끼지 못한 뿌듯한 마음이 일고 있었다.

박준성은 약속한 카페에 도착하여 자리를 잡고 휴대폰을 만졌다. 어제는 경희와 진지한 대화를 하려고 퇴근 후에 곧장 집으로 갔다. 저녁 식사를 마치고, 경희와 집 주변 산책로를 걷자고 했다. 경희는 못마땅해하며 가기 싫다고 했지만, 할 얘기가 있다 하며 같이 나왔다. 산책로를 걷다가 벤치에 앉아서 무슨 말이든 먼저 하려 했지만, 말문을 트기가 쉽지 않았다.

그만큼 경희와의 사이가 소원해져서 그런지 둘 사이가 서먹하고 멀게 느껴지기까지 했다. 그래도 먼저 말을 시작해야 했기에 요즘의 상황과 자신의 솔직한 마음을 얘기하기로 했다. 잘못한 부분에 대해서도 인정할 것은 인정하면서 앞으로 여러 가지 면에서 지금과는 달라진 모습으로 바뀔 거라는 얘기를 전하며, 시간이 걸릴 수 있으니 넓은 마음으로 지켜봐 달라는 당부 아닌 당부도 전했다. 가만히 듣고 있던 경희도 박준성의 진심을 느꼈는지 잠시 말을 잇지 못하다가 미안해하면서 속마음을 꺼냈다.

오랜만에 예전의 편안함으로 돌아간 것 같았다.

　문득, 차수경의 말이 떠올랐다. 누구든지 먼저 깨닫고 이해하는 사람이 말을 걸고 실천한다면 관계 개선은 어렵지 않게 풀릴 수 있다는 말이 절실하게 다가왔다. 휴대폰으로 경희에게 수줍게 이모티콘을 보내며 잘 지내자는 글을 쓰면서 혼자 미소를 지었다.

　박준성은 차수경과의 두 번째 만남을 이어 나갔다. 차수경은 환하게 웃으면서 말을 시작했다.

　"지난 일주일 잘 지내셨나요? 첫 번째 과제인 '이해'에 집중하고 실천하셨나요?"

　박준성은 조금 전의 상황으로 약간 상기된 표정으로 대답했다.

　"네, 나름대로 실천하려고 노력했습니다."

　차수경은 차분하게 말을 이어 나갔다.

　"지금까지의 언어 습관과 생각을 바꾼다는 것은 쉽지 않습니다. 그렇지만 내가 바뀌고 상대도 바뀔 수 있다면 일주일 정도는 실천하면서 지낼 수 있어야겠지요."

　박준성은 다음 과제가 궁금하여 말을 이었다.

"이번 주 실천 과제는 어떤 것입니까?"

차수경은 미소를 지으며 말을 했다.

"이번 주 실천 과제는 '배려'입니다."

박준성은 실망스러운 표정으로 "배려라고요?"라며 눈을 동그랗게 뜨면서 말을 했다.

"쉽게 이해가 되질 않는군요."

박준성이 말하자 차수경이 차분한 목소리로 말을 이었다.

"그렇죠. 우리는 '배려'라는 말을 많이 들어 왔기 때문에 내가 가정에서 실천해야 되는 단어로는 생각하지 않습니다. 일반적인 인간관계에서 실천해야 하는 것들은 형이상학적이고 고차원적인 말이 아닙니다. 예를 들면, 자비, 해탈, 숙고, 깨달음 등이 있는데 이러한 말들은 평범한 사람들이 실천하기에는 너무도 많은 고통과 노력이 필요합니다. 우리가 일상에서 많이 들어본 말들은 중요하면서도 실천이 요구되는 말입니다. 세상을 살아가면서 행복한 삶의 기본이 되는 말들은 너무도 많습니다. 사랑, 기쁨, 이해, 즐거움, 존중, 희생, 행복, 존경 등이 있죠. 그렇지만,

이러한 삶의 기본이 되는 말들은 뜻을 알면서도 실천한다는 것이 쉽지가 않죠. 상대를 항상 사랑해야지 하면서 산다는 것도 쉽지 않고, 상대를 존중해야지 다짐하면서 산다는 것도 어렵습니다. 또한, 항상 기쁘고 행복하게 지낼 수만 있다면 좋겠지만, 그렇게 사는 사람은 아마 없을 것입니다."

차수경은 차를 한 모금 마시고 말을 이었다.

"사람들은 긍정적인 말보다는 부정적이고 공격적이며 비난하는 말을 쉽게 하기 마련이죠. 긍정적이고 좋은 말은 다들 알고는 있지만, 의도적으로 실행하려고 하는 사람은 많지 않습니다."

박준성은 머쓱한 표정으로 말을 했다.

"그렇죠. 모든 좋은 말을 실천하면서 살기는 힘들죠. 좋은 말인 줄 알긴 하지만……."

차수경은 말을 이었다.

"그것이 문제인 거죠. 내가 실천하느냐, 하지 않느냐에 따라 내 삶, 더 나아가서 가족의 삶이 좀 더 풍요롭고 행복해지는데 많은 사람들은 그것을 잊고 산답니다. 마치

공기와 물의 소중함을 모르고 살듯이……."

박준성은 수긍하는 표정으로 고개를 끄덕였다.

"네, 듣고 보니 맞는 말이네요."

차수경은 미소를 지으며 말을 이어 나갔다.

"지난 주 실천 과제인 이해와 이번의 배려는 비슷하면서도 다릅니다. 두 단어를 같은 의미로 생각할 수도 있습니다. 마음의 여유가 있는 사람이 여유가 부족한 사람에게 적용한다는 것이지요. 그리고 우리가 사는 사회에서는 힘 있는 자가 힘없는 자에게, 즉 많이 가진 사람이 없는 사람에게 베풀듯이 하는 행동, 생각이라고 한다면 이해가 되겠죠. 하지만 가정은 사회가 아니니까 강자와 약자의 개념보다는 마음이 넓고 여유 있는 사람이라고 하는 것이 좋겠죠."

차수경은 잠시 숨을 고르고 다시 말을 이었다.

"배려의 사전적 의미는 '남을 도와주고 베풀어 주는 마음'이라고 나옵니다. 일반적으로 '배려'라고 하는 것을 생각할 때 쉽게 떠오르는 것이 있지요. 예를 들면 버스나 지하철에서 몸이 불편한 사람이나 나이 드신 분에게 자리를 양보하는 것입니다. 또는 길을 걷거나 출입문을 열어서 잡고 있으면서 뒤에 오는 사람에게 먼저 들어가라는 손짓을 하거나 무거운 짐을 든 사람이나 어린아이에게 도움을 주는 건 마음에서 우러나와서 하는 행동이지요. 누군가가 시키거나 마지못해 하는 행동은 아니지요. 이럴 때 우리는 상대에게 배려를 함으로써 흐뭇해하고 뿌듯한 마음이 들지요. 이와 같이 밖에서 할 수 있는 배려를 가정에서 하는 겁니다. 이러한 배려는 외적인 배려도 있지만, 마음을 써 주고 헤아려 주는 배려도 있습니다."

박준성은 말없이 공감하는 듯한 표정을 지었다.

"아내는 여자이고, 약자일 수도 있습니다. 박 과장님이 사소한 것에서부터 배려를 해 주는 것이지요. 특히, 배려는 '이해'와는 달리 배려를 함으로써 내 마음이 편안하고 뿌듯하다는 겁니다. 지난번 과제에서의 '이해'는 그럴 수밖에 없다는 것에 대한 이해니까 내 마음이 편안하고 좋지만은 않을 수도 있지만, 배려는 내가 상대의 시선과 감정을 맞추고 도움을 줬다는 생각으로 기분이 아주 좋습니다."

가만히 듣고만 있던 박준성은 이해가 간다는 표정으로 묵묵히 듣고만 있었다.

차수경은 박준성의 표정을 보고 미소를 지으며 말을 이었다.

"특히, 가정에서의 배려는 매우 중요합니다. 우리들 대부분은 사회에서의 관계나 인위적인 배려는 실천한답니다. 타인에게 친절하다든가 자기를 낮출 상황이면 즉각 낮추죠. 직장이나 상하 관계처럼 확실한 계급에서는 더욱더 그렇죠. 그러나 정작 가정이나 가족에게는 편하다는 이유로 말을 함부로 하거나 진정한 배려를 안 하는 경우도 있죠. 정말로 중요하고 소중한 관계는 사회보다 가정입니다. 이러한 배려는 내가 먼저 실천하면 상대도 따라준다는 것입니다. 가정에서의 배려라는 것은 행동에서 나오는 배려 말고도 여러 가지가 있습니다. 말로써 하는 배려도 있습니다. 심리적 배려가 가정에서는 더 중요합니다. 내 주장을 줄이고 상대의 말에 귀 기울여 주는 것이지요."

숨을 고른 뒤 차수경은 계속 말을 해 나갔다.

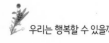

"어떤 선택의 상황에서 상대와 나의 의견이 다를 때 내 의견을 주장하려고 하기보다 상대의 의견에 맞추려고 노력하는 것이지요. 이러한 상황은 항상 나타납니다. 부부간에 벌어지는 사소한 싸움에서는 자기 생각대로 되기를 서로 원하기 때문에, 그것이 이루어지지 않으면 말다툼이 큰 감정싸움으로 번집니다. 예를 들면, 밖에서 식사를 하려고 할 때 서로의 의견이 다르면 자기 의견보다는 상대의 의견에 맞춰 주고 다음에는 내 의견으로 하자든지, 또는 차를 타고 갈 때 꼭 지름길이 아닌 걸 알더라도 조금 늦는다고 시간을 많이 허비하는 것이 아니므로, 그냥 잔소리 하지 않고 들어 줄 수도 있다는 것입니다."

차분히 말을 이어나가는 차수경이었다.

"왜 이 길이 더 멀고 돌아가는데 내 말을 안 듣고 자기 마음대로 가려고 하냐는 식이지요. 이렇게 상대의 행동이나 생각에 비난을 한다면 그 다음 말엔 또 다른 비난이 뒤따릅니다. 이러한 선택의 상황은 거창하게 우리가 이뤄내야 할 그런 중요성이 강한 선택도 아니기 때문에 상대의 의견에 '당신 뜻대로 해.', '당신 좋을 대로 해.' 한다는 것이지요. 이렇게 하면 분명히 상대도 자신이 존중 받고 배려 받았다는 사실을 알게 된답니다. 악순환이 아닌 선순환이 되는 것이지요."

박준성은 계속 이어지는 차수경의 말에 진심 어린 공감을 하고 있었다.

"얘기를 듣고 보니 모두 맞는 말이네요. 간단하다면 간단한 내용인데, 이제까지 실천을 안 하고 살았네요. 상대의 얘기를 들어주고 따라주는 게 힘들고 대단한 것도 아닌데 그게 참 잘 되질 않았네요."

듣고 있던 차수경이 말을 이어받았다.

"그럼요, 무엇이든지 실천이 중요합니다. 우리들이 사용하는 단어 중에는 추상적인 단어와 구체적인 단어가 있습니다. 그중 추상적인 단어는 실천력이 필요합니다. 사랑, 미움, 기쁨, 분노, 행복, 고통 등이 추상적인 단어입니다. 추상적인 단어는 실체가 보이지 않기 때문에 실천이 어려울 수 있습니다. 그러기에 내가 실천하려면 많은 노력이 필요합니다."

차수경은 잠시 멈추고 다시 말을 이었다.

"얼마 전에 TV에서 모 개그맨이 가정사를 얘기한 적이 있습니다. 아내가 육아와 일 단절 등으로 힘들어하는 것을 모르다가 아내가 쓴 장문의 편지를 읽고 그 길로 집으로 돌아와 며칠을 둘이서 부둥켜안고 울었답니다. 그리고는, 아내와 깊은 대화를 나누면서 공감해 주고 미안해하면서 울고 또 울었답니다. 그리고 나서 결혼 전부터 본인이 좋아했던 취미 생활을 모두 정리하고, 아내와 가정에 집중했답니다. 저는 이 이야기를 듣고 그 개그맨은 진정한 배려가 있는 남편이라는 생각이 들었습니다. 아내의 마음을 이해하고 공감하면서 울어 줄 수 있는 남편이라면 그때까지의 어려움과 오해는 쉽게 풀릴 수 있다고 봅니다. 아내, 또는 배우자가 힘들어할 때 화를 내거나 뭐 그만한 일로 힘들어하냐는 듯이 말한다면 마음의 문을 닫거나 벽이 생길 수 있습니다. 같이 슬퍼하고 공감해 준다면 그 배우자는 진심으로 다가오려는 사람입니다. 또한, 쉽지는 않겠지만, 결혼 전의 취미나 소중하게 생각하는 일도 상대 배우자가 원하지 않으면 과감히 포기할 마음의 자세가 중요하다고 봅니다. 이것 또한 진정하고 용감한 배려입니다."

차수경은 물을 마시고 다시 말을 이었다.

"제가 생각하는 결혼이란 서로 다른 타인이 만나 같이 맞춰가면서 행복한 삶을 사는 과정입니다. 과거의 나, 즉, 이제까지 행동해 왔던 습관과 사고를 그대로 갖고 사는 연장선이 아니라 과거의 나를 버리고 새로운 내가 되는 겁니다. 상대가 원치 않는 것, 싫어하는 것을 버리거나 바꿀 줄 알아야 진정한 믿음과 행복한 삶으로 갈 수 있답니다."

가만히 듣고만 있던 박준성은 고개만 끄덕이고 아무 대답도 할 수 없었다.

"네, 참, 쉽지 않네요. 쉬울 것 같으면서 어렵네요. 말로는 이해가 되지만 이제까지의 습관, 사고를 바꾸기가 정말 힘들 것 같네요. 지금까지 살면서 나의 행동이나 안 좋은 버릇과 같은 습관을 아내가 지적하면 그것도 이해를 못 해 주냐는 식으로 비난 아닌 비난을 했는데 그것이 잘못된 것이라는 것을 알게 되었네요. 상대가 진정으로 싫어한다면 한 번쯤은 깊게 생각해 봐야 될 것 같네요. 나를 이해해 달라고 하기 전에 저 또한 이해를 먼저 해야지 해결이 될 것 같군요."

박준성은 웃으면서 차를 마셨다. 듣고 있던 차수경이 말을 받아 이었다.

"남을 있는 그대로 인정한다는 것은 쉽지 않은 일입니다. 그러기에 나를 이해해 달라고 하기 전에 상대의 마음을 먼저 헤아리는 것, 즉 배려가 앞서야 합니다. 그래야 상대도 이해하려고 노력을 하지요. 내가 지금까지 살아온 습관을 바꾼다는 것은 매우 힘든 일이지요. 그렇지만, 가정은 남녀가 결혼했다고 그냥 얻어지는 것이 아니라, 노력을 해서 만들어 나가야 하는 겁니다."

차수경은 숨을 고르듯이 잠시 멈추었다가 다시 말을 했다.

"남녀가 서로 사랑해서 결혼을 했을 때는 잘 모르지만, 전혀 다른 환경과 습관, 사고로 살다가 새로운 가정을 이룬다는 것은 대단한 모험입니다. 자녀를 낳고 키우면서 이러한 습관과 사고의 차이는 점점 더 벌어질 수 있습니다. 이러한 상황이 계속 반복되면 커다란 바위와 같은 문제가 될 수도 있습니다. 이럴 때를 대비해서 서로를 알아가는 시간을 충분히 갖고 서로 부족하다 싶으면 전문 상담을 받아 보면서 적극적으로 해결하려는 마음이 있어야 합니다."

차수경의 말은 계속 이어졌다.

"우리 속담에 '호미로 막을 것을 가래로 막는다.'는 말이 있지요. 딱 이 말이 적절한 표현입니다. 수십 년을 따로 살아온 부부가 같은 환경을 이루고 행복하게 살기 위해서는 많은 노력이 필요합니다. 그러나 많은 사람들은 쉽게 생각하고 간과합니다. 많은 부부들이 10년, 20년, 30년이 지나도 서로에 대한 미움, 못마땅함, 부족함을 갖고 서로를 탓하며 불행하게 삽니다. 적극적으로 바꾸려 하지 않으면 결국에는 돌이키기 어려운 상황까지 가게 됩니다."

박준성은 고개를 떨어트리며 착잡한 표정을 지었다.

"박 과장님은 이렇게 적극적으로 바꾸시려고 노력하시기 때문에 행복한 가정을 이루실 거라 믿습니다."

차수경의 말에 박준성은 입가에 미소를 띠며 말을 했다.

"처음에는 모든 잘못이 상대에게 있다고 생각했었는데 만나 뵙고 좋은 말씀 듣고 많은 생각을 하다 보니 제가 잘한 것도 없더라고요. 지금이라도 많이 노력을 해야 할 것 같습니다."

듣고 있던 차수경은 환한 미소를 지으며 말을 했다.

"네, 박 과장님이 그런 생각을 하신 것만으로도 아주 큰 첫걸음이라 여겨집니다. 그리고 요구보다는 실천이 더 중요합니다. 왜냐하면 나는 소중하기에 내 생각, 내 마음이 먼저 행복해야 하기 때문이죠. 이번 주 실천 과제인 '배려'에 집중하시고 일주일 동안 실천하시기 바랍니다."

두 번째 실천 과제: 배려

배려는 상대에게 베풀어 주는 마음이다.

내가 하고 싶은 것, 좋아하는 것보다

상대가 원치 않는 것, 싫어하는 것을 버릴 줄 알아야

진정한 배려와 믿음으로 살 수 있다.

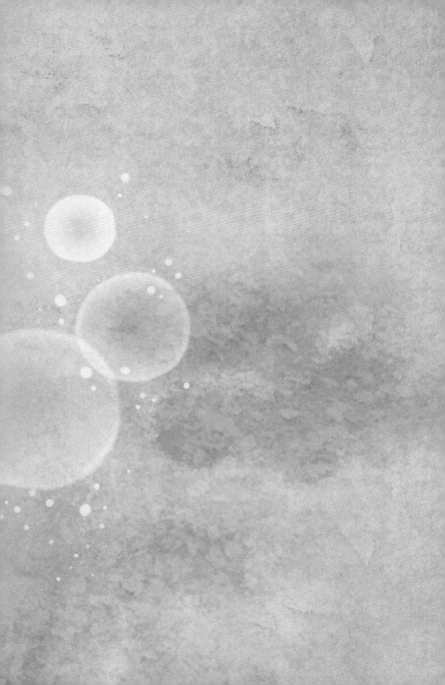

5

남들처럼 살면
남들만큼밖에 못 산다

올 여름은 유난히 길고 긴 더위가 오래가고 있는 듯했다.

어김없이 정오가 되면 작열하는 태양은 온 도시를 찜통 속으로 만들기에 충분했다.

점심시간이 지난 사무실 안은 조용했다. 예전 같았으면 점심 식사 후의 나른함이 사무실을 덮었을 것이다. 박준성은 정수기 앞으로 걸어가서 냉수를 한 컵 마시며 속을 깨우려 했다. 몇 주 전에 회사의 대형 프로젝트 외부 유출 사건 이후, 전체적으로 가라앉은 분위기가 어느 때보다 긴장감이 돌았다. 직원들 모두 각자의 업무에 충실해 보였다.

박준성 또한 회사 업무로 야근하는 일이 잦아졌다. 요

우리는 행복할 수 있을까

즘 아내 경희와의 일로 머리도 복잡해서 안개가 낀 것처럼 답답하기까지 했다.

자리로 돌아와 먼 곳을 바라보며 생각에 빠져들었다.

차수경과의 두 번째 만남으로 많은 이야기를 들었다. '이해'와 '배려'라는 말은 누구나 쉽게 하는 말이다. 그러나 이러한 말들을 가정에서나 인간관계에서 노력을 하면서 실천한다는 생각은 하지 못하고 살았었다. 짧지 않은 2주 동안 각각의 말에 집중하며 지내려고 노력을 했다. 무엇보다 '지금보다도 나아지고 행복한 결혼 생활을 꼭 만들 수 있다.'라는 차수경의 말에 힘을 얻고 싶었다.

옆자리의 정 과장은 중국 출장으로 자리를 비웠다. 말 친구가 없어서인지 사무실 안은 더 조용한 것 같았다. 그때 책상 위의 휴대폰 진동이 요란스럽게 울렸다.

발신을 보니 정 과장이었다.

박준성은 휴대폰을 들고 통화 버튼을 눌렀다.

휴대폰 속 정 과장의 목소리가 들렸다.

"박 과장, 나 없이도 잘 지내고 있는 거야?"

"정 과장은 양반이 못 되네……허허. 그래, 중국 출장 간 일은 잘 진행되고 있어?"

정 과장은 큰 소리로 말을 이었다.

"잘 되고 말고, 내가 누군데……여기 일도 생각보다 복잡하게 됐어. 저번 프로젝트 유출 건 이후 이곳 중국에서도 비상 상황이 됐거든. 아마 요번 주 내내 이곳에서 있어야 할 것 같아. 밖에 나와 보니 국내나 전체적인 상황이 더 안 좋아 보이는 것 같아. 걱정이다."

박준성은 정 과장의 말을 받아 쓴웃음을 지으며 말을 이었다.

"내가 태어나서부터 항상 경제는 안 좋다고 했어. 그 말에 신경 쓰지 말고 각자 열심히 맡은 일 하면서 살면 돼."

정 과장은 웃으며 말을 했다.

"오호, 박 과장이 경제 전문가 같구먼. 그나저나 차수경 씨하고는 잘 만나서 상담하고 있어?"

박준성은 어이없다는 말투로 말을 이었다.

"뭐야, 출장 가서도 내 걱정하고 있는 거야?"

정 과장은 차분히 말을 이었다.

"그럼, 내가 소개해 준 분이니까 잘 되어 가고 있는지 궁금한 거지."

박준성은 미소를 지으며 말을 했다.

"걱정하지 마라. 잘 듣고 잘 실천하려고 노력하고 있으니까."

듣고 있던 정 과장도 안심이 된다는 듯 말을 이었다.

"그래, 차수경 씨에게 상담 받은 많은 부부가 좋은 결과로 행복하게 산다고 들었어. 박 과장도 그랬으면 좋겠다. 좋은 말씀 많이 해 주시라고 나도 얘기했거든. 그러니까 잘 듣고 노력 많이 해라."

박준성은 가만히 듣고만 있었다.

"고맙다, 정 과장. 내가 여러 사람에게 신경 쓰이게 했어. 노력하리다."

"아니야, 살다 보면 그럴 수 있지. 위기를 현명하게 극복하는 게 중요한 거야. 나중에 또 통화하자."

"그래, 몸조심하고 잘 지내라."

박준성은 정 과장과의 통화를 마치고 새로운 마음으로 일에 집중하기 시작했다.

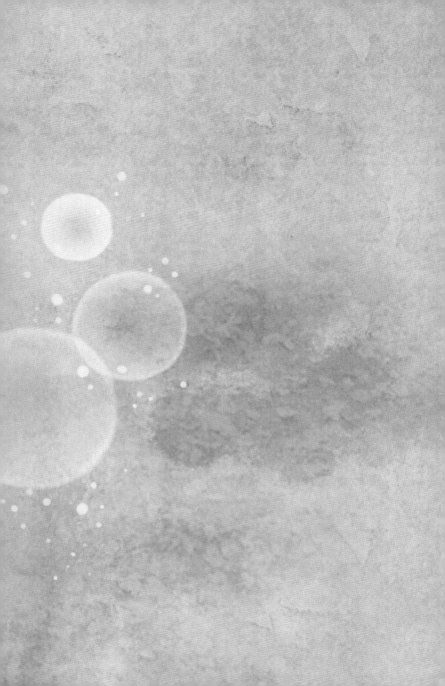

6

우리에게 필요한 것은
한 줄의 지식이 아니라
한 줄의 지혜이다

박준성은 가로수가 길게 늘어선 거리를 걸어가고 있었다.

거리 양쪽으로 플라타너스와 느티나무가 적절히 심어져 울창하고 시원해 보이기까지 했다. 녹색의 푸르름은 언제 보아도 눈과 마음을 기분 좋고 편안하게 만드는 것 같았다. 늦은 시각까지 석양이 비추어서 거리의 풍경은 마치 한 폭의 그림과도 같았다.

퇴근 시간에 맞춰 도착한 곳은 차수경이 강연하는 한 구청의 대강연실이었다. 언뜻 보아도 천여 석은 되어 보였다. 시간에 맞춰 들어선 강연장 입구는 많은 사람들로 북적이고 있었다. 박준성은 중앙 앞쪽 의자에 자리를 잡고 앉았다. 강연장 무대 중앙에는 큰 글자로 오늘의 강연 주제가 쓰여 있었다.

'人生' 보다 나은 삶을 위한 준비
강사: 차수경

2주 동안 두 번의 만남이었지만, 아는 분의 강연은 처음이어서 생소하고도 낯설기까지 했다.

강의 내용은 차수경 씨의 일과도 관련이 있었는데, 이렇게 많은 사람들이 강연을 들으러 올 줄로는 생각하지도 못했다. 세상은 자기가 어떤 모습으로 어떤 곳에 가서 누구를 만나고 경험하느냐에 따라 많이 달라지는 것 같았다.

병원에 가면 세상 모든 사람들이 아픈 환자인 것 같고, 여행지에 가면 모든 사람들이 여행을 즐기러 온 것 같고, 도서관이나 서점에 가면 모든 사람들이 학구적이고 자기계발에 열심인 것처럼, 오늘 강연장에 모인 사람들 또한, 새로운 경험이었다.

평소와 같으면 친구나 회사 직원들하고 퇴근 후 술자리

로 이어졌을 것이다. 주말이나 일요일에는 집에서 쉬거나 TV를 보면서 빈둥거리며 시간을 보내기 일쑤였다. 이런 틀에 박힌 생활을 한 박준성이기에 오늘의 이 자리는 특별한 경험이었다. 강사의 귀중한 말과 경험을 배우러 오는 열정적인 사람들로 가득 찼기에 그 열기가 박준성에게도 느껴졌다.

20대 젊은 청년에서부터 50대, 60대 등 다양한 연령층의 청중들은 모든 세대가 다 모인 것 같은 느낌이 들었다. 주변을 둘러보니 중년 부부들이 많이 자리를 차지하고 있었다.

강연을 듣기 위해서 평일 저녁에 부부가 함께 시간을 내온 모습을 보니 부러움과 아내에 대한 미안함도 들었다.

박준성은 낯선 장소와 낯선 사람들 틈에 끼어서 어색하기까지 했다. 손에 든 휴대폰을 만지작거리며 주변을 살펴보는데 주위에서 휴대폰을 진동으로 바꾸는 것을 보며 박준성도 따라 진동으로 바꿨다. 하마터면 강연 중에 휴대폰 소리로 곤욕을 치를 수 있기 때문이었다.

기다리는 시간은 항상 지루하면서도 설렘과 기대감이

앞선다. 밝은 표정의 청중들에게서 오늘의 강연에 대한 같은 기대감이 느껴졌다. 이제까지 별다른 노력이나 생각 없이 살아온 것에 창피함과 무력감이 들었다.

어느덧 시간이 흘러 그 많던 좌석에 청중들로 자리가 채워졌다.

드디어 오늘의 강사인 차수경이 무대 중앙으로 걸어 나왔다. 차수경은 흰 블라우스에 블랙 자켓과 슈트로 깔끔하게 차려 입고 미소를 지으며 걸어 나왔다. 두 번의 만남과는 또 다른 모습이었다. 새삼 그녀의 당당한 모습에 존경스러움이 묻어났다.

무대 중앙으로 걸어가는 차수경에게 모든 청중들은 아낌없는 박수를 보내며, 그녀는 그에 보답이라도 하듯 환하게 웃음을 보냈다. 능숙한 표정과 몸짓으로 청중을 압도하는 듯이 보였다. 강연장 중앙에 선 차수경은 청중들에게 인사를 했다.

박준성은 주변을 둘러보았다. 모두 진지해 보였다. 열심히 듣고 있는 사람들의 모습을 보면서 강연에 집중했다.

차수경은 편안한 말투로 말문을 열었다.

"안녕하세요. 만나 뵙게 돼서 정말로 반갑습니다. 차수경이라고 합니다. 귀중한 시간 내어 제 강연을 들으러 오신 모든 분께 감사드립니다. 좋은 시간 되셨으면 합니다."

차수경은 잠시 시간을 두고 강연을 시작했다.

"우리의 인간관계에서 가장 상처를 많이 받는 곳은 가정입니다. 가장 행복해야 할 공간에서 서로서로 너무도 쉽게 상처 주는 말을 주고받습니다. 편하다는 이유만으로……."

박준성은 그 말에 수긍을 했다.

'맞아, 그랬지.'

차수경은 다시 말을 이었다.

"제가 오늘 강연할 내용은 가족과 인간관계에 대한 것입니다. 첫째, 부모, 자녀와의 관계, 둘째, 부부 관계, 셋째, 50대 이후의 삶에 대해 여러분께 들려 드리려고 합니다. 한 가정은 형식적으로는 쉽게 만들 수 있어 보입니다. 실제로 그 가정을 행복하게 이끌어 가기 위해서는 가족 구성원 간의 보이지 않는 노력이 있어야 가능합니다."

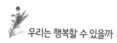

차수경은 강조하듯이 목소리에 힘을 주어 말을 이었다.

"부모는 자녀에게 명령과 훈계가 아닌, 사랑과 실천을 보여 주어야 합니다. 비록 부모를 통해 자녀가 태어났지만 하나의 인격체로 대해 주어야 합니다. 자녀는 부모와 수직적인 관계가 아닌 독립적인 인격체입니다. 특히, 미성년자인 자녀는 부모의 말 한 마디, 행동 하나에도 영향을 받기 때문에 모범이 되는 말씨와 행동을 보여줘야 합니다. 우리나라는 거의 모든 가정이 자녀 위주의 생활을 합니다. 부부 중심이 아닌 자녀에게 생활의 중심을 맞추면서 살아갑니다. 이것은 자칫 잘못하면 타인을 배려하지 않고 자기밖에 모르는 이기적인 인간을 만들 수도 있습니다."

박준성은 차수경의 강연을 듣고 수긍의 고갯짓을 했다.

"요즘 대부분 가정에서는 한 자녀 또는 2명의 자녀들이 있습니다. 자녀 수가 적다 보니 그 자녀에게 모든 관심과 교육을 집중적으로 쏟아 붓습니다. 유치원 때부터 영어 공부를 하고 초등학생은 보통 3~4개 이상의 학원을 다니는 것이 보통입니다. 그리고 중·고등학교에 다니게 되면 모든 관심은 대학교 입시 위주의 교육이 됩니다. 인생의 가장 풍요롭고 아름다워야 할 10여 년을 원하지 않는 강압적인 교육에 모두 집중합니다. 이런 상황에서도 한국의 어린 학생들은 부모의 강요에 못 이겨서, 남들도 다 하니까 저항도 못 하고 그냥 따라 합니다. 또래 친구와 경쟁을 하고 사회에서 쓸 수도 없는 거대한 지식을 머릿속에 암기하면서 공부합니다."

차수경의 강연은 계속 이어졌다.

"대한민국의 부모들은 그들도 어렸을 적에 부모의 지나친 관심과 공부를 부담스러워하면서 성장했는데, 막상 부모 나이가 되어서는 왜 그들의 부모와 똑같은 방식으로 자녀를 대할까요? 사회적인 분위기도 있겠지만, 남들과 똑같이 해야만 뒤처지지 않는다는 잘못된 사고방식도 큰 몫을 한다고 봅니다. 다른 집 자녀가 학원을 다니면 집에 있는 자녀는 어딘가 불안해 보이기 때문에 똑같은 교육방식을 고수하면서 자녀를 힘들게 합니다. 그렇게 자란

자녀는 성인이 되어서도 똑같이 반복된 교육 방식을 반복
합니다. 그래서 대학에 가고 취직을 하게 됩니다."

모든 사람들이 차수경의 강연에 집중을 하고 있었다.
"경제적으로 독립을 하게 된 나이가 돼서도 부모의 관
심과 간섭은 끝없이 이어집니다. 대학 교육과 결혼 비용
까지도 고스란히 부모의 부담이 됩니다. 부모는 나이 든
부모가 아닌, 자식을 평생 부양합니다. 성인이 된 자녀의
자식까지도 늙은 부모의 역할이 매우 중요합니다. 부모는
자녀에게 너무도 헌신적입니다. 주변에서도 그렇고 매스
컴에서도 경쟁적으로 부추깁니다. 딸 바보, 아들 바보라
는 말과 같이……. 부모가 자식을 사랑하는 것은 당연하
지만, 과도한 집착으로 보일 수 있는 것과 같은 말은 듣기
가 거북할 때도 있습니다."

"마치, 사회적인 교육 분위기와 부모의 바람으로 희생
된 자녀의 시간을 보상하려는 듯, 부모는 본인들의 노후
가 걱정이 되면서도 끝없이 경제적인 지원을 감수합니다.

자녀에 대한 관심과 집착의 보상은 끝이 없는 금전적 부담이 되어 이어집니다. 부모는 남은 재산도 자녀에게 물려주려고 애를 씁니다. 그렇다고 예전처럼 자식이 부모의 노후를 책임져 줄 수는 없습니다. 그렇기 때문에 자녀가 성인이 되면 경제적, 심리적 독립을 시켜야 합니다."

"'자식 이기는 부모 없다.'라는 말은 잘못된 사고입니다. 부모, 자식 간에 이기고 진다는 것도 없지만, 그 말 자체도 자녀를 하나의 인격체로 보는 게 아니라, 부모가 좌지우지할 수 있는 소유 대상으로 여긴다는 말입니다. 자녀는 스스로 자기 인생을 결정할 수 있는 독립체이고, 그런 자녀를 지켜보며 힘을 주는 것이 부모의 역할입니다. 자녀의 인생은 이제까지 부모의 그늘에서 쉽고 편하게 살았었지만, 미래를 바라본다면 주체적이고 독립적인 인생이 되어야 할 것입니다. 사자가 새끼를 바위 위에서 떨어뜨려 강하게 만드는 것처럼 우리의 자녀도 강하고 스스로 일어날 수 있는 인간으로 만들어 줘야 합니다."

차수경의 말 한 마디 한 마디에 모든 청중들은 한바탕 크게 웃다가도 진지해지면서 공감한다는 듯 고갯짓을 하였다.

　"지금이라도 자녀가 아닌 부부 중심의 가정을 만들어야 합니다. 그리고 자녀가 행복하기를 바란다면 부부가 먼저 행복한 모습을 보여 줘야 합니다. 부모가 자기 인생을 자녀들에게 헌신하면서 살아가는 것은 자녀들도 원치 않을 겁니다. 부모가 하고 싶은 것, 좋아하는 것을 하면서 행복하게 인생을 즐기기를 바랄 겁니다. 그렇게 행복한 모습을 보여 주는 것이 어떤 가르침, 잔소리보다 더 효과적인 자녀 교육이라고 믿습니다."

　"가정에서 자녀에게 인정받고 존경 받는 부모는 인생에서 성공한 것과도 같습니다. 이것은 사회에서의 성공과는 또 다른 의미의 성공입니다. 부부 간의 문제는 성격 차이라기보다는 친밀감 부족에서 옵니다. 그러기 위해서는 각각의 부부는 노력을 해야 합니다."

"이런 말이 있습니다. '불행은 사소한 일을 무시할 때 생기고, 행복은 사소한 일에 관심을 기울일 때 생긴다.' 우리는 가정에서 소소하면서도 사소한 일을 그냥 넘기기 쉽습니다. 인간은 모든 관계에서 좋은 경험보다는 나쁜 경험, 나에게 상처를 준 것을 더 오래 기억합니다. 상대가 무엇을 좋아하는지, 어떤 음식을 좋아하는지, 취미는 무엇인지 또한 싫어하는 것이 무엇인지, 한 번쯤 생각해 보아야 합니다."

　"결혼은 행복의 시작이 아니라, 고통의 시작이 될 수도 있습니다. 결혼은 행복을 같이 만들어 가는 과정입니다. 남자, 남편들은 그들이 가정에서 얼마만큼 큰 힘, 큰 영향력을 갖고 있는지 모릅니다. 심지어 그것을 잘못 사용하고 있습니다. 권위적이고 보수적이며, 가정에서 큰소리 치는 것이 남편과 아빠의 역할이라고 생각하고 있습니다. 그리고 스스로 경제적 지원자로서의 역할이 최고의 역할이라고 생각합니다. 부부가 닮아 간다는 것은 좋은 의미도 있겠지만, 한 사람이 강해서 다른 상대가 따라가거나,

은연중에 그러한 행동과 사고를 받아들이는 것입니다. 긍정적인 부분도 있겠지만, 부정적인 사고를 닮아 갈 수도 있습니다."

"보통의 여자는 보통의 남자를 변화시키기 어렵고, 현명한 남자는 보통의 여자를 변화시킬 수 있습니다. 이 말뜻이 바로 제가 앞에 설명한 내용을 함축한 말입니다. 어떤 강사가 이런 말을 했습니다. '건강한 부부는 상대 배우자를 서로 성장시켜 주는 최고의 파트너'라고 했습니다. 진짜 맞는 말입니다. 그러기에, 남편이라는 호칭도 바꿔야 합니다. 남편은 남의 편만 들기에, '내편'이라고 바꿔야 합니다."

차수경의 말에 청중들은 모두 크게 웃었다. 차수경은 무대에 있는 화이트보드에 한자를 쓰기 시작했다.

'易地思之(역지사지) 惻隱之心(측은지심)'

"부부에게 필요한 사자성어는 이것입니다. 상대의 입

장에 서서 이해를 해 주어야 하고, 평생을 같이 살아야 할 사람이기에 측은한 마음으로 보살펴 주어야 합니다. 앞으로의 세상은 부드러운 대화와 부드러운 소통을 주도하는 사람이 성공하는 시대입니다. 내가 하고 싶은 말이 아닌 상대가 듣고 싶은 말을, 상대를 편안하게 해주는 대화가 절실히 필요한 때입니다."

"과거처럼 쉽게 내뱉는 말, 가시 돋친 말, 비난하는 말로는 단절된 대화가 될뿐더러, 그런 사람들은 사회에서도 대우를 받지 못할 것입니다. 상대를 배려하고 부드러운 말이 필요합니다. 부드러운 말씨로 화를 낼 수 없듯이, 격양된 말투로 칭찬과 배려 있는 말을 할 수도 없습니다. 나그네의 옷을 벗기기 위해서는 강한 바람이 아닌, 따뜻한 햇볕이 필요합니다. 즉, 비난과 질책이 아닌 나의 긍정적으로 변화된 모습과 말씨가 상대를 내가 원하는 방향으로 변화시킬 수 있습니다."

차수경은 무대 앞으로 걸어가면서 말을 이었다.

우리는 행복할 수 있을까

"상대를 변화시키려 하기보다 내가 먼저 변해야 상대도 변합니다. 요구가 아닌 실천이 필요합니다. 또한 결혼 생활에서는 상대에 대한 존경이 아닌 서로에 대한 존중이 필요합니다. 그리고 지금은 예전과 달리 시대가 빠르게 변하고 있습니다. 불과 20여 년 전만 해도 여성과 남성은 가정과 사회에서의 역할과 지위가 달랐습니다. 21세기는 평등의 시대로 가고 있습니다. 과거의 관념적인 성 역할과 지배적인 관계로 서로를 대한다면 힘든 결혼 생활이 될 것입니다. 과거보다는 탄력적이고 유연한 사고가 절실히 필요합니다. 내가 먼저 변해야 주체적인 삶을 살 수 있습니다. 타인이 변해야만 내가 변한다는 것, 즉 바뀐다는 것은 종속적인 끌려가는 삶입니다."

차수경의 말에 청중들은 뜨거운 박수를 보내며 동의했다.

박준성은 강연을 듣고 자신의 가정에서의 역할과 지금까지 해왔던 행동과 말들을 생각해 보았다.

여러 가지 생각들이 머리를 스치며 감정이 복잡해졌다.

차수경은 넓은 무대를 자유롭게 걸어 다니며 말을 이었

고, 모든 청중들과 눈높이를 맞추고 시선을 주었다.

"지금은 100세 시대입니다. 자녀가 성인으로 자란 후에도 보통의 중년은 앞으로 50여 년을 더 살아가야 합니다. 이렇게 길고 긴 시간을 잡기나 여유로움만으로 보내기는 낭비가 아닐까요? 사람은 나이가 들어서도 공부를 해야 합니다. 여기서 말하는 공부라는 것은 교과서나 참고서 또는 어학 공부와 같은 학습으로의 공부를 말하는 것이 아닙니다. 자녀 키우느라 하고 싶은 것 못 해보았으니까, 꼭 해보고 배우고 싶은 것을 하는 게 진짜 공부입니다."

"그러면 누군가는 그럽니다. 돈이 어디 있냐고요……. 요즘은 저렴하게 배울 데가 너무도 많습니다. 지역 주민센터, 문화센터, 아니면 인터넷에서도 배울 수 있습니다. 내가 배우고자 하는 의지와 용기만 있다면 주변에 많습니다. 제가 아는 분이 60이 넘어서 영어 공부와 댄스를 배우기 시작하셨습니다. 어찌나 즐겁게 배우시던지 행복해 보였습니다. 이렇게 하는 공부가 진짜 공부입니다. 성과나 결과에 연연하지 않고 성취감만으로 공부가 됩니다."

"악기를 배운다든지, 취미로 스포츠를 한다든지 많이 배웠다면 지역 사회에서 베풀 수도 있습니다. 그리고 또 하나는 여행입니다. 사람의 감정은 나이가 들어가면서 메말라 갑니다. 지금 이 순간은 내 인생에서 가장 젊은 순간입니다. 그러므로 더 나이 들기 전에 여행을 많이 다니셨으면 합니다. 여행은 돈 낭비가 아닙니다. 특히, 대한민국 사람들은 더 많이 여행을 다니라고 말하고 싶습니다. 왜냐하면, 온 국민이 우울하고 분노가 심하기 때문에 심신의 휴식과 재충전으로 여행이 최고라 생각하기 때문입니다. 음식과 술로는 치유가 될 수 없습니다. 지구촌이라는 말이 있죠. 새로운 곳에 가서 새로운 경험을 한다는 것은 가슴 설레는 일입니다."

"여행은 나를 겸손하게 만든다고 합니다. 여행을 많이 하지 않아서 그 말의 뜻을 이해하기는 어렵지만, 전 세계의 대자연을 돌아다니면서 보게 되는 자연에 대한 경외감이 아닐까 생각합니다. 여행을 하면서 많은 사람들을 만나게 되면 그동안 나만의 생각의 틀에 갇혀서 괴롭고 힘들어하던 모든 잡념과 고통도 한낱 쓰레기 같은 걱정거리였다는 것을 깨닫게 될 것입니다. 여행 경비를 아까워하지 마시고, 가깝게는 국내를 가셔도 좋고 경제적 여유가된다면 지구촌 구석구석을 여행하셨으면 합니다. 넓은 세상을 보게 되면 '나'라는 존재에 대해 다시 생각할 수 있는 소중한 기회도 되리라 봅니다."

"공부도 이것저것 다 해보고 여행도 많이 하셨다면 지역 사회와 소외된 이웃을 위해 봉사를 하는 것도 뜻깊은 인생입니다. 위의 공부와 여행이 나를 위한 것이었다면 봉사를 한다는 것은 타인을 위한 보람 있고 큰 의미가 있는 행위입니다. 나와 내 가족이 아닌, 사랑과 도움이 필요한 곳에 도움을 준다는 것은 결과적으로 나에게도 새로운 의미가 되고 자아실현 이상의 기쁨과 만족이 됩니다. 결국 남을 위해서 하는 봉사로 인해 나에게도 큰 변화가 올수 있습니다. 금전적으로 계산할 수 없는 나의 내면 성장이 됩니다. 내가 알지 못하는 누군가를 도와주었다는 것은 나를 끝없이 사랑하는 또 하나의 방법입니다."

차수경의 열띤 강연은 어느덧 시간이 흘러 마무리할 시간이 되어 갔다.

"여러분 모두 각자 나에게 의미 있는 삶이 무엇인지 생각하는 소중한 시간을 가져 보시기 바랍니다. 내가 살면서 즐거웠고 행복했던 기억과 앞으로 재미있게 할 수 있는 것들을 진지하게 계획하시면서 남아 있는 인생, 행복한 시간이 되시기 바랍니다."

강연은 시간 가는 줄 모를 정도로 재미있고 빠르게 지나갔다.

강연 끝부분에는 청중들과 질문 시간을 가졌다.

몇몇의 청중이 그들이 궁금해하는 것을 얘기하였고, 차수경은 진지하게 듣고 조언을 아끼지 않았다. 모든 강연이 끝나고 청중들의 얼굴에는 기쁨이 묻어났고 행복해하는 모습이 보였다.

강연이 끝난 무대에서 차수경은 무대 아래로 내려왔다. 아래에서는 저자 사인회가 이어졌다. 많은 청중들이 차수경 강사의 책을 구입하면서 저자의 친필 사인을 받으려고 줄을 길게 섰다.

이러한 광경을 처음 지켜보는 박준성은 놀라지 않을 수 없었다.

'차수경 씨의 인지도가 꽤 높구나.'

앞쪽으로 걸어가는 박준성은 청중들 틈에서 사인하는 차수경과 눈이 마주쳤다. 차수경은 웃음 띤 얼굴로 가볍게 목례를 하였다.

박준성은 처음 강연회에 참석해 달라는 차수경의 말에 선뜻 가고 싶지 않았다. 그러나 강연을 듣고 난 지금은 그들과 같이 가슴속에 무언가를 가득 안고 가는 좋은 기분이었다. 이러한 기분은 꽤 오래 전에 느껴보고 처음 느껴보는 감동이었다. 그리고 사람은 끊임없이 배워야 한다는 말에 저절로 공감하였다.

누군가의 말처럼 10여 년의 학창 시절의 배움만으로 평생을 살 수는 없지 않은가…….

나이 들면서 계속 배우고 느끼고 감동하는 마음가짐이
절실히 필요하다는 것을 새삼 느꼈다.

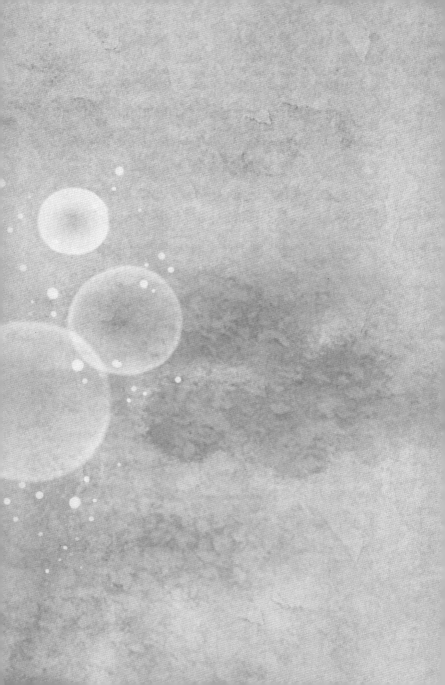

7

경험하지 않고 안다는 것은
깨달음이 있을 때 가능하다

박준성은 회사의 지방 연수원에서 2박 3일의 연수를 막 마치고 시내로 들어가고 있었다. 아내 경희와는 통화를 간단히 하고 저녁에 친구와 만나기로 해 곧장 약속 장소로 가기로 했다.

친구 상호는 중학교 친구인데, 일주일 전 점심 식사를 마치고 회사로 들어가려는데 길에서 우연히 만났다. 20여 년만의 만남이었지만, 서로를 처음 보는 순간 알아볼 수 있었다.

일주일 뒤인 오늘 다시 만나기로 약속을 하며 헤어졌었다. 상호와 약속한 장소는 시내에 위치한 한정식집이었다. 박준성은 주차를 마치고 한정식집 안으로 걸어갔다.

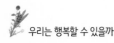

그곳은 한옥의 기와집으로 잘 꾸며져 있었으며, 주변 조경도 꽤 신경 쓴 듯이 조화롭고 멋스러워 보였다. 한정식 집 내부에는 많은 손님들로 가득 차 있었다.

먼저 와 있던 상호는 박준성을 보며 반갑게 손짓을 하였다.

조상호는 일어서며 악수를 하려고 손을 내밀었다.

"준성아, 진짜 오랜만이다. 반갑다."

박준성도 손을 내밀어 맞잡으며 반갑게 말을 이었다.

"그래, 어떻게 그렇게 만나냐, 진짜 반갑다. 잘 지내고 있었어?"

둘은 흥분된 목소리를 가라앉히며 자리에 앉았다. 서빙하는 아주머니가 다가오며 메뉴판을 내밀었다.

"뭘로 드시겠어요?"

박준성은 메뉴판을 펼쳐 보면서 주문을 하였다.

"네, 저녁 정식 주세요."

아주머니는 물컵과 주전자를 내려놓고 걸어갔다.

조상호는 박준성을 빤히 보면서 말을 했다.

"얼굴색이 썩 좋아 보이지는 않는데, 어디 아픈 거는 아니지?"

박준성은 아니라는 듯 고개를 가로저으며 말을 했다.

"아냐, 아주 건강하다. 그런 너는 건강하지?"

호탕하게 웃으며 조상호는 대답했다.

"그럼, 건강하지……."

말끝을 흐리며 다시 말을 이었다.

"나는 줄곧 중학교 동창 모임에 나가고 있었어. 꽤 많은 애들이 모이지. 다들 그때 모습은 많이 사라지고 배 나온 아저씨들이 많지. 하하하. 가끔 가다가 너 안부 묻는 애들도 있어. 너 영민이 알지? 영민이가 너 많이 찾았어. 보고 싶다고. 이제 만났으니 연락해서 같이 만나자. 그리고 준혁이는 지금 투병 중이다. 뇌출혈이래. 젊은 나이인데……."

듣고 있던 박준성은 친구들의 안부를 듣고 준혁의 소식으로 마음이 무거웠다.

"그래? 아프지 말아야 하는데…… 모두들 잘 지내고 있다니 반갑다. 다음에는 영민이도 만나고 모임도 한번 나가 봐야겠네."

조상호는 웃으며 말을 이었다.

"모두들 반가워할 거야. 그 시절로 돌아가서 한바탕 재미있게 놀자고."

조상호는 조심스럽게 말을 꺼내며 말을 이었다.

"3년 전에 애들 엄마와 이혼했다가 올 초에 다시 재결합했어."

이때, 아주머니가 오셔서 밑반찬과 된장찌개, 공깃밥을 내려놓고서는 "맛있게 드세요."라고 말을 하며 다른 테이블로 걸어갔다.

테이블 위에 놓인 여러 가지 색색의 반찬이 깔끔하면서 정갈한 것이 먹음직스러워 보였다.

더덕 무침, 조기 구이, 명이 나물, 매실 장아찌, 숙주나물, 명태전, 호박전, 불고기, 조개가 들어간 된장찌개가 보글보글 끓고 있었다.

둘은 서로 웃으며 말없이 밥을 먹었다. 테이블 위의 모든 반찬을 깨끗하게 비워 가며 맛있게 먹었다.

박준성과 친구 상호는 한정식집 입구에 마련된 작은 카

페로 자리를 옮겨 앉았다. 어느덧 해는 떨어지고 석양이 붉게 물들고 있었다. 그곳은 한정식집 손님들을 위한 카페로 여느 일반 카페와도 같이 고급스러운 분위기로 꾸며졌다.

카페 안은 작가의 미술품을 전시를 해 놓아서 마치 미술관에 온 것처럼 근사해 보였다. 그곳에는 한정식 손님들이 담소를 나누고 있었다.

그들은 창가가 보이는 티 테이블에 마주보며 차를 마셨다. 박준성이 무겁게 말을 이었다.

"그랬구나, 힘들었겠네. 그럼 지금은 잘 지내고 있는 거지?"

조상호는 웃음 띤 얼굴로 말을 이었다.

"그럼, 한 번의 큰 고비를 겪었는데 잘 살아야지. 나도 노력하고 집사람도 노력하는 모습을 보여 주니까 나야 고마울 따름이지."

조상호는 차를 한 모금 마시곤 창밖을 쳐다보며 말을 다시 이었다.

"어디서부터 잘못되었는지는 모르겠는데, 큰 그릇이

우리는 행복할 수 있을까

작은 균열로 금이 가면서 작은 틈으로 물이 새는 듯하더니 어느 순간에는 걷잡을 수 없이 물이 새는 것처럼 모든 일상이 싸움이 되더라. 행동 하나하나 말투마다 짜증 섞인 목소리로 대하니까 좋은 소리가 안 나오고 싸움은 점점 잦아지고 격양되더라고. 그러더니 누가 먼저랄 것도 없이 갈라서자고 하면서 쉽게 결정을 내렸어."

듣고만 있던 박준성은 아무 말도 할 수 없었다. 오직 공감하는 표정만 지을 수 있었다.

"서로에게 힘든 시간이었겠네."

조상호는 물을 마시며 생각에 잠긴 듯 하다가 다시 말을 이었다.

"2년 가까이 혼자 지내다 보니 많은 생각을 하게 되더라고. 헤어지고 난 그때에는 진짜 홀가분하고 날아갈 것 같았어. 애들에게 미안한 마음은 컸지만, 매번 싸우는 모습을 안 보여주니 그것 또한 다행이다 싶더라고. 어느 정도 시간이 흐르고 나니, 아내의 잘못만 보이는 게 아니라, 내가 잘못한 것도 알게 되더라. 그렇잖아. 싸움이라는 것은 일방적인 것은 없잖아. 비슷하게 서로 잘못하니까 싸움이 되는 거잖아."

조상호는 말을 계속 이어갔다.

"헤어질 위기 때에는 모든 잘못이 집사람에게 있다고 생각을 했었어. 나는 아무 문제도 없다고 여겼지. 집사람이 양보할 줄도 모르고 배려할 줄도 모르고 내가 힘들 때 위로해 주지도 않고 고집 세다고 그렇게 몰아붙이면서 생각을 한 거지. 그렇지만, 집사람도 나와 똑같이 위로 받고 이해 받고 싶었을 수도 있다는 생각이 들더라. 서로 떨어져 살면서 많은 시간을 생각하고 반성을 하게 되니 모든 싸움의 반은 내 잘못이라는 것을 알게 되더라고."

박준성은 자신의 요즘 상황을 생각하면서 누구보다 진지하게 듣고 있었다.

"그러다 보니 집사람에게 미안한 마음이 많이 들었어. 나 같은 인간 만나서 마음고생도 많이 했다고 생각하니까 안쓰럽고 측은하기까지 하더라. 그래서 지금에 와서는 집사람이 현명하다는 생각까지 들더라. 나 같은 인간에게 다시 한 번 기회를 준 거잖아. 재결합은 헤어지는 결정만큼 진짜 쉽지 않은 결정이었을 거야. 또다시 그러한 과정을 겪을 수도 있는데……. 누군가는 그러더라. 왜 재결합하냐고. 하지만, 내가 달라지지 않은 상태에서 새로운 사람과 결혼을 한다는 것은 또 다른 위험한 결정이 될 수도 있다는 것을 알았어. 또다시 반복될 수 있는 거지. 그럴바에야 애들 엄마하고 잘 타협하고 조율하면 더 나은 관계를 만들고 아이들한테도 새로운 사람으로 인한 새로운 상처를 안 줘도 되니까……. 우리 재결합에 애들이 가장 좋아하더라. 그 모습을 보니 우리가 애들에게 안 겪어도 됐을 고통을 줘서 너무도 미안하고 뭉클했었어. 그래서 집사람하고도 다짐을 했지. 서로를 위해서도 변해야 하고 애들을 위해서도 잘 살자고……."

조상호는 살며시 웃으며 차를 마시고 말을 이었다.

"너무 내 얘기만 한 것 같네."

듣고만 있던 박준성은 요 최근 경희와의 불편함을 친구 상호에게 힘겹게 털어놓았다. 또한 차수경을 만나면서 많은 이야기를 듣고 조언도 들으며 많이 달라지려고 노력한다는 말을 하며 웃음을 지었다.

조상호는 미소를 지으며 말을 했다.

"너도 힘들었겠구나. 그래, 지금 만나면서 좋은 얘기 듣는 거 아주 잘하고 있는 거야. 나처럼 안 겪어도 될 일은 겪으면 안 되지. 노력 많이 해라. 왜 우리와 같은 부부들은 중년이 되면서 갈등이 더 심해지는 걸까. 그런 생각을 많이 하게 되더라."

물을 마시고 조상호는 말을 이었다.

"그래서 나는 '깨달음'이라는 단어를 참 좋아하게 됐어. 매 순간 깨달음이라는 것은 나를 반성하게 하고 성장하게 하는 것 같아. 모든 고통에는 항상 깨달음이 따르는 것 같아. 고통이 고통으로 끝난다면 진짜 앞으로 나아가는 게 아니고 발전도 없는 거지. 頓悟漸修(돈오점수)라는 불교 용어가 있는데 '문득 깨닫고 점진적으로 수행한다.' 그 말뜻이 가슴에 와 닿는 것 같아. 일반 사람들이 실천하기는 힘들겠지만, 대략의 뜻은 이해가 가거든. 그러기에 그 참뜻의 깊이를 알고 실천하면 좋겠지만, 피상적인 뜻이라도 알고 실천하려고 노력하는 것도 중요하다고 생각해. 깨달음이 되려면 열린 생각, 열린 마음이 먼저 되어야 할 것 같아."

박준성은 친구의 말을 듣고 놀라움이 들었다. 역시 고통 뒤에는 긍정적인 내면의 발전이 따르는구나 하는 생각에 친구의 말뜻을 이해하려고 하였다.

조상호는 피식 웃으며 말을 했다.

"이런 말을 내가 할 줄이야 누가 알았겠냐. 마치 내가 산속에서 10년 넘게 도를 닦은 도사 같지 않냐. 그만큼 사람은 느끼며 깨달아야 되는 것 같아. 원효대사만 깨닫는 게 아니더라고. 매 순간 깨닫게 된다면 내가 원효대사가 되는 거야. 하하하……"

조상호는 크게 웃으며 너스레를 떨었다. 친구의 말을 듣고 있던 박준성도 따라 크게 웃었다. 조상호는 행복한 표정으로 말을 이었다.

"그러기 위해서는 아내와 진지한 얘기도 많이 해야 돼. 얘기도 잘 들어 주고…… 그래야 내 얘기도 잘 들어 주게 되지. 그리고 여행도 가끔씩 가면서 모든 집안 일, 회사 일도 접어 두고 여행에만 몰두하는 시간이 필요해. 걱정, 근심 내려놓고 그런 시간을 꼭 가져야 되겠더라고."

말이 계속 이어졌다.

"결혼한 부부에게는 책임과 의무가 너무 많잖아. 특히, 여자에게는…… 우리가 결혼할 때는 서로 사랑해서 했지만, 결혼 생활에는 너무도 많은 책임과 의무가 주어지잖아. 그런 것들이 서로를 힘들게 하고 지치게 만드는 것 같아. 그래서 어디론가 훌쩍 떠나는 여행은 일상의 책임과 의무에서 해방되는 것 같아. 우리가 여행을 하면서 즐거운 것은 새로운 곳에 대한 호기심도 있겠지만 일상 탈출이 주는 즐거움이 더 크다고 봐. 부부의 행복한 모습은 어떤 훌륭한 자녀 교육보다 좋은 것 같아. 애들에게 관심을 적게 보여도 아이들은 잘 자라주거든. 그 모습을 보고……."

듣고 있던 박준성은 그 말에 동의하고 싶었다.

"상호야, 네 말이 맞는 거 같다. 이제까지 나는 그런 생각을 하지 못하고 산 것 같아. 그냥 앞만 보고 내 가정은 아내의 몫이라는 생각만 했지. 바깥일에 신경 안 쓰게 하는 것만이 최고라 생각했거든. 그리고 그게 최선이라고 생각했으니까. 그런데 네 말 듣고 보니 내가 많이 부족하고 모자라다는 생각이 들었어. 결혼에 대한 생각이나 부부 관계도 시대가 달라졌으니까 같이 바꿔야 하는 건데 과거 생각에만 머물다 보니 계속 다툼이 되었던 것 같아."

듣고 있던 조상호도 친구의 말에 고개를 끄덕였다.

"그리고 나 다음 주에 아내와 유럽 여행 간다."

박준성은 놀란 표정으로 말을 이었다.

"뭐? 유럽을 간다고?…… 애들은 어떡하고."

조상호는 웃으며 말을 이었다.

"애들 생각하면 평생 여행 못 간다. 그리고 지금은 여름방학이잖아. 갓난아기도 아닌데 왜 못 간다고 생각을 하냐. 장모님이 봐 주신다고 했거든. 그래서 모든 것 복잡하게 생각 안 하고 둘이서 가기로 했어. 올해 다시 합쳤으니까 재결합 겸 힐링 여행이라고 할까……."

박준성은 부러움과 근심 어린 표정으로 말을 했다.

"부럽다. 그렇게 훌쩍 떠날 수 있는 용기가……."

조상호는 벌써 여행을 간 듯 들떠서 말을 이었다.

"너도 결심해라. 어렵게 생각하면 어려운 거야. 그리고 우리는 배낭여행으로 가기로 했어."

"뭐, 배낭여행? 우리 나이에 그게 가능하냐. 힘들 텐데……."

조상호는 웃으며 말을 이었다.

"여행사 통해서 가는 것과는 또 다른 즐거움이 있는 것 같아. 여행사는 여러 곳을 편하게 보여 주겠지만, 수박 겉 핥기 식으로는 여행 가기 싫어. 몇 군데 안 가더라도 자세히 보고 느끼고 싶어. 아내도 그 생각에는 의견이 같았어. 뭐가 걱정이냐. 스마트 폰 있지, 아니면 요즘은 전 세계 어딜 가도 한국 관광객을 만날 수 있는데 물어보면 되지. 안 된다는 생각 자체가 안 되는 거야. 몸이 조금 힘들수는 있어도 생각만 해도 설레고 흥분된다. 그리고 여행도 애들이 어리다고 못 간다 생각하다 애들 다 큰 다음에 가려고 하면 몸이 안 따라준다잖아. 감동도 덜하고……. 그래서 난 아내와 즐길 수 있을 때 즐기기로 했어. 미래도 좋지만 현재도 행복해야 하니까. 행복을 미래를 위한 적금에만 넣으면 안 되잖아. 가끔씩 적금을 해지하고 즐길 수도 있는 큰 결단이 필요하다고 봐. 내가 생각해도 참 많이 변한 것 같아."

박준성은 친구의 말에 묘한 표정으로 말을 이었다.

"그래, 너 말이 맞을 수도 있다. 인생 뭐 있냐. 즐기면서 행복하게 사는 거지. 오늘 너 만나서 많은 것을 느꼈어. 요즘 내가 아내와 불편하다 보니 많은 생각을 했거든. 반성도 하고 둘의 관계를 너무 편하고 쉽게 생각했다는 것도 느끼고."

조상호는 빙그레 웃으며 말을 이었다.

"이왕 태어나서 내가 선택해서 결혼했으면 진짜 행복하게 살아야 돼. 그냥 하는 말이 아니라 내가 겪고 나니까 절실하더라. 소소한 행복이 모여서 큰 행복이 되는 거잖아. 오늘 나도 너 만나서 정말 반가웠어. 너무 늦어지면 너 와이프가 싫어할라. 다음에 다시 만나서 그때 얘기하자."

둘은 한정식집 카페를 나와 주차장 쪽으로 걸어갔다.

"상호야, 내가 집까지 데려다 줄게. 타라."

조상호는 아니라는 듯 손사래를 치며 말했다.

"아냐, 나는 택시 타고 갈란다. 저 앞 포장마차에서 우리 와이프 좋아하는 순대 사 가지고 가야겠다. 그럼 준성아, 조심히 가고 나중에 또 연락하자."

박준성은 친구 상호와 헤어지고 차 안에 들어와 시동을

켰다.

친구 상호의 생각지도 못한 가정사에 놀랐기도 했지만, 지금의 행복하고 편안한 모습을 보니 박준성 또한 흐뭇했다.

박준성은 차를 몰고 집으로 향했다.

8

만남과 이별은
항상 같이 존재한다

회사 옥상 공원은 많은 나무와 화초로 마치 동네 공원에 온 것처럼 꾸며졌다.

요즘은 어디를 가도 건물 위 옥상을 자연 친화적으로 조경을 하여 도심 속에서의 또 다른 휴식 공간으로 바꾸어 간다. 많은 화사한 꽃과 나무가 조화롭게 조경이 되어 있어서, 삭막한 회사 사무실의 답답함을 풀어 주기에 충분했다.

옥상 공원은 꽤 넓어서 언뜻 보면 옥상이라기보다는 동네의 큰 공원같이 보였다. 감나무와 대추나무가 줄지어 심어졌고, 열매도 제법 많이 열려서 풍성해 보였다.

또한, 다른 한쪽에는 가정에서 쉽게 키울 수 없는 친환

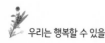

경 채소가 밭을 이루며 자라고 있었다. 보는 것만으로도 마음이 푸근해지고 넉넉해지는 것 같았다. 옥상 공원 중앙에는 직원들이 쉴 수 있게 벤치와 테이블이 길게 놓여 있었다.

어느덧 계절은 늦여름으로 들어서 햇볕은 덥기보다는 따뜻함을 주었고 하늘 또한 맑고 높아 보였다. 그곳에는 많은 직원들이 점심 식사를 마치고 삼삼오오 둘러앉아 이야기를 나누고 있었다.

박준성은 정 과장과 점심 식사를 마치고 회사 옥상 공원에 올라갔다. 하늘은 맑고 화창했다.

세상은 내 마음의 상태가 어떠냐에 따라 달라 보일 수 있다는 것을 새삼 느끼게 된다. 내 마음이 편안하면 세상의 모든 것들이 나와 같이 평화롭고 아름답게 보이지만, 내 마음이 불편하다면 세상 또한 어딘가 불만스럽고, 남의 행복도 가식적으로 보일 수 있기에…….

정 과장은 옥상 공원에서 빌딩으로 가득 찬 거리를 바라보며 커피를 한 모금 마셨다.

정 과장이 먼저 말문을 열었다.

"계절은 어김없이 때가 되면 돌아오는구나. 날씨가 참 좋다. 어디라도 가고 싶구면."

박준성이 그 말에 동의라도 한다는 표정으로 말을 이었다.

"그러게 말이야. 우리 같은 샐러리맨은 이런 날씨 좋은 날은 정말 견디기 힘들어. 우리 그냥 오후는 일하지 말고 어디 멀리 교외로 나갈까?"

듣고 있던 정 과장이 놀란 표정으로 말했다.

"뭐? 진짜로? 어디로 갈까? 자유로라도 달리면서 기분 전환을 해 볼까?"

박준성은 헛웃음을 지으며 대꾸했다.

"뭐야, 그냥 해 본 소리야. 말이 그렇다는 거지. 가긴 어딜 가. 일이 산더미 같은데……."

둘은 서로 쳐다보며 소리 없는 웃음을 지어 보였다.

정 과장은 커피를 마시며 말을 이었다.

"나 아무래도 중국에 3년 정도 가야 할 것 같아. 길게는 5년 정도가 될 수도 있고……. 그곳 일이 갑자기 많아져서 들어가야 될 것 같아."

우리는 행복할 수 있을까

들고 있던 박준성은 고개를 끄덕이며 말을 했다.

"그래, 상황이 그런 것 같았어. 여기도 일이 복잡해졌는데, 중국 지사도 회사에서 신경을 더 써야 하겠지. 섭섭하지만 어쩌겠어, 회사 일인데. 그럼 정 과장 혼자 들어가나 아니면 가족들이랑 같이 가나?"

정 과장은 차를 한 모금 마시며 말을 이었다.

"같이 가야지. 북극, 남극도 아닌데⋯⋯. 우리 아내도 같은 생각이야. 떨어지면 우린 죽어⋯⋯ 하하하. 우리 가족은 운명의 한 팀이니까. 그리고 난 기러기는 싫거든. 떨어져 살아서 안 좋게 결말이 나는 가족을 많이 봤거든. 떨어져 있는 시간은 서로를 힘들게 하는 것 같아."

박준성은 이해한다는 표정으로 말을 했다.

"맞아, 같이 갈 수 있다면 가는 게 좋지. 혼자 고생한다 생각하면 서글플 때도 있을 거야. 남아 있는 가족들도 마음이 편치 않을 거고. 잘 생각했다. 정 과장 못 보는 거는 섭섭하지만⋯⋯."

정 과장은 호탕하게 웃으며 박준성의 어깨를 가볍게 치면서 말을 이었다.

"나도 섭섭하긴 한데, 3년 후에는 들어오니까 그때까지는 나 보고 싶어도 참으라고."

박준성은 어이없다는 듯이 말했다.

"뭐야? 보고 싶어도 참아야지 어쩌겠어…… 하하하."

둘은 서로 쳐다보며 웃었다.

잠시 둘 사이에 침묵이 흐르고 정 과장이 먼저 말을 꺼냈다.

"기획팀에 김 선배는 지난주에 아내와 합의 이혼을 했대."

박준성은 놀란 표정으로 말했다.

"뭐? 정말이야?"

정 과장은 힘없이 말을 받았다.

"그래, 누구도 생각하지 못했는데……."

"충격이다. 다른 사람도 아니고 김 선배가…… 그렇게 사이좋고 다정해 보였는데. 작년에 같이 여행도 다녔잖아."

박준성은 진짜 충격을 받은 듯 말을 잇지 못했다. 정 과장도 동의한다는 표정으로 입을 열었다.

"김 선배도 이렇게까지 하지 않으려고 노력을 많이 한

것 같은데 참 마음이 무거워. 김 선배도 김 선배 와이프도 어려운 결정을 했어."

박준성은 자신의 요즘 처지를 생각하면서 김 선배의 힘든 결정을 누구보다 이해한 듯한 표정을 지었다.

정 과장은 한숨을 쉬며 허공에 대고 말을 이었다.

"김 선배도 그렇고 선배 아내도 너무도 힘든 시기를 보낸 것 같아. 하지만, 그런 상황에 놓이게 되면 상대에 대한 이해심이 생길 수가 없겠지. 자기 마음이 편해야 상대의 입장도 이해할 수 있는 게 인간이잖아. 그리고 김 선배는 이달 말에 다른 회사로 옮긴다고 하더라고. 여러 가지로 요즘 머리가 많이 아플 거야."

듣고 있던 박준성은 말없이 하늘만 쳐다보았다.

박준성은 본인의 경험에서 나온 말을 했다.

"그래? 힘들겠네. 안팎으로……. 맞아, 그런 마음을 갖기가 쉽지 않지. 어느 정도는 시간이 해결해 주는 것 같아."

정 과장은 동의한다는 표정으로 말을 이었다.

"부부로 살아간다는 것은 정말 기적과 같은 일이야. 남들 다 하는 결혼을 쉽게 생각하는 게 아닌 것 같아. 큰 결심과 큰 결정을 해야 하고 노력을 진짜 많이 해야 할 것 같아."

박준성은 정 과장을 존경스럽다는 듯한 표정으로 쳐다보며 말을 이었다.

"정 과장은 정말 도가 튼 사람 같아. 존경스러워. 내가 이러니까 정 과장을 싫어할 수가 없어. 그래서 좋아한다니까……."

정 과장은 웃긴다는 표정으로 말을 했다.

"뭐야, 왜 나를 좋아한다는 거야. 부담스럽게……. 네 마누라나 좋아해라."

박준성과 정 과장은 서로 쳐다보며 소리 내어 웃었다. 사람의 일, 부부의 일은 누구도 모르는 것 같다. 그렇게 다정하고 행복해 보이던 부부가 하루아침에 남남으로 끝나 버리는 것을 보면 말이다. 박준성은 남의 일 같지 않게 걱정이 되면서 마음이 무거웠다.

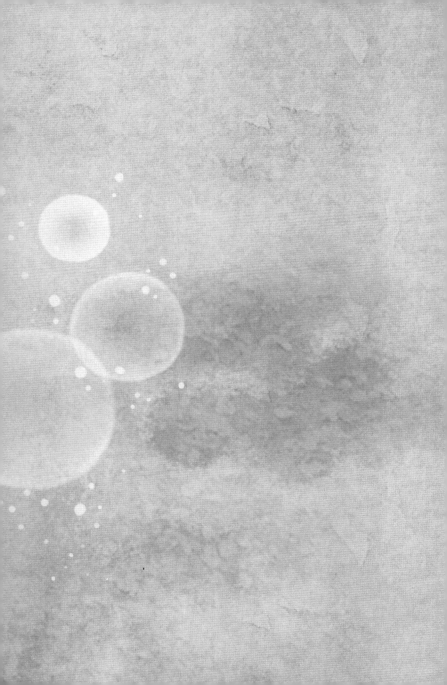

9

인생의 여정에서 뜻하지 않은
감정의 공감은
살아가는 새로운 힘을 준다

: 세 번째 실천 과제

프로젝트 유출 사건 이후로 일이 늦게까지 이어지는 날이 많아졌다.

오늘도 업무를 마무리하고 회사를 빠져나온 박준성은 큰길가의 서점으로 향했다.

서점 안으로 들어간 박준성은 생각보다 많은 사람들을 보며 놀라움을 감추지 못했다.

서점 안에는 아이들을 위한 공간이 마련되어 있어 부모와 함께 온 아이들은 즐겁게 책을 읽고, 부모 또한 책에 집중하는 모습을 보니 아이들 생각이 났다.

책은 한번 접하려 하면 쉽게 읽히지 않는다. 책장을 넘기기가 힘들고 글자 읽는 것 자체도 어렵게 느껴진다. 하

우리는 행복할 수 있을까

지만 읽다 보면 그 안에 재미와 감동이 있어 끝까지 읽는 것은 어렵지 않다.

차수경과 만나기로 한 장소에 먼저 도착한 박준성은 책을 꺼내 읽었다.

지난 번 만남에서 차수경은 박준성에게 관계 개선에 도움이 될 수 있는 책을 여러 권 권해 줬다.

박준성은 읽으면서 처음에는 이해되지 않는 부분이 많았지만, 계속 읽어 보니 어렴풋이 이해가 되고, 공감이 되었다. 또한, 새로운 재미도 느끼게 되었다. 사람들이 느끼고 이해하고 깨닫는다는 것은 꼭 누군가와 대화를 하거나 강의를 통해서만은 아닌 것 같다는 생각이 들었다. 책에서도 느끼고 깨달을 수 있다는 것을 새삼 느꼈다.

카페 안, 주변 테이블에는 젊은 친구들이 휴대용 컴퓨터로 무엇인가를 적고 보거나, 책을 읽는 친구도 있었고, 휴대폰을 만지며 누군가를 기다리는 듯해 보이는 친구도 있었다.

예전 같으면 상상할 수도 없는 것이었다. 카페는 누군

가를 만나서 이야기를 하는 공간이라고만 생각했는데, 요즘은 꼭 그런 것만은 아닌 것 같았다. 혼자만의 공간으로 몰두하거나 일을 하는 공간으로 자리 잡고 있는 것 같았다.

세상은 내가 생각하는 것 이상으로 빠르게 변하고 있다는 생각이 들었다.

어떤 일이나 생각을 하든지 몰두하는 모습은 그 자체로도 아름답고 보기 좋은 것 같았다.

옆 테이블에는 젊은 여학생으로 보이는 두 친구가 뭐가 그리 즐거운지 연신 소리를 내며 해맑게 웃는 것을 보니 박준성 또한 입가에 미소가 번졌다. 박준성은 소리 내어 크게 웃어 본 지가 언제인지 생각해 보았지만 까마득한 기억을 더듬어야 할 정도로 오래 전 일이 되어 있었다.

차수경과 박준성은 세 번째 만남을 가졌다.

차수경이 먼저 말문을 열었다.

"지난 2주 동안 어떠하셨나요?"

차수경은 사람 좋은 미소를 띠며 박준성에게 물어보았

다. 박준성은 입가에 알 듯 모를 듯한 미소를 지으며 말을 이었다.

"네, 지난 2주 동안 두 번의 과제를 실천하려고 나름 노력을 많이 했습니다. 처음에는 왜 나만 노력을 해야 하나 생각이 들었지만, 먼저 손을 내미는 사람이 이기는 것, 배려한다는 것을 알게 되었습니다. 서툴게나마 아내의 마음도 이해하게 되었고요. 그리고 중요한 것은 그렇게 하니까 도리어 제 마음이 편하고, 상대를 배려했다는 생각으로 마음이 뿌듯하기도 했답니다."

차수경은 긍정적인 고갯짓을 하며 말을 했다.

"그럼요. 특히, 가정 내에서는 누가 먼저 손을 내미느냐에 따라 달라집니다. 만약에 상대가 먼저 화해의 손을 내밀었다면 잠시 기분은 좋았겠지만, 마음 한 구석에는 '내가 옹졸한 면이 있구나.'라는 생각이 들 수도 있습니다."

이 말에 동의하듯 재빠르게 박준성이 말을 이었다

"네, 맞습니다."

차수경은 웃으며 말을 계속 이었다.

"일취월장입니다. 제가 드린 과제 이상으로 깨달음을

받으셨군요. 제가 앞서 드린 과제를 잘 이해하시고 실천하시려는 모습을 보니 제가 감사한 마음이 듭니다."

차수경의 과분한 칭찬에 박준성은 쑥스러워하면서 둘은 잠시 소리 내어 웃었다. 약간의 시간이 흐른 뒤 차수경이 말을 이었다.

"오늘 세 번째 과제는 지금까지의 과제보다 훨씬 쉽습니다."

"뭔가요?"

박준성은 궁금한 표정으로 물어보았다.

"네, 마지막 과제는 '감동'입니다."

과제 단어를 듣고 있던 박준성은 약간 의외라는 표정으로 말을 이었다.

"네? 감동이라고요?"

"네, 감동입니다. 다른 말로 표현한다면 '이벤트'라고 할 수도 있죠."

박준성은 이해가 될 듯 말 듯한 표정으로 말을 했다.

"이벤트라면 젊은 남녀 사이에 하는 이벤트를 말씀 하신 건가요? 그런 이벤트가 굳이 가정에서 필요한 건가요?"

우리는 행복할 수 있을까

듣고 있던 차수경이 정답이라는 표정으로 말을 했다.

"네, 그러한 이벤트가 맞습니다. 필요하답니다. 그러나 젊은 연인들과 같은 거창한 이벤트는 아닙니다. 기존 부부 사이에서는 감동이 있는 액션이라 할까요? 앞서 실천하신 이해와 배려는 남편, 아내 누구든 깨달은 사람이 먼저 실천하면 됩니다. 마지막 과제인 '감동'은 아내가 남편에게 해도 되겠지만, 말 그대로 그 감동은 아내가 받는 것처럼 크지 않다고 봅니다. 그렇겠죠?"

박준성은 차수경의 말을 가만히 듣고만 있었다.

"박 과장님은 지금까지 아내와 연애하고 결혼 생활을 하시면서 아내가 좋아하는 것과 싫어하는 것이 무엇인지 잘 알고 계시나요? 또한, 아내의 취미가 무엇인지, 어떤 것을 했을 때 즐겁고 행복해하는지, 그리고 어떤 음식을 좋아하는지, 좋아하는 색깔은 무엇인지 아시나요? 아내에 대해 얼마만큼 알고 계시다고 말씀하실 수 있나요?"

박준성은 난감한 표정으로 듣고만 있었다. 차수경은 담담히 말을 이었다.

"아마도 아내분은 박 과장님의 앞에 제가 말한 내용을

대부분 알고 계실 겁니다. 남편이 좋아하는 음식, 성향, 취미도 남편이 아내에 대해 알고 있는 것보다 더 많이 알고 계실 겁니다. 또한, 아이들에 대한 것도 많이 알고 계실 겁니다. 우리가 상대를 온전히 다 알 수는 없지만, 같이 산다는 것만으로 알아가는 것을 방치하는 사람들이 주변에 많답니다. 연애할 때는 서로에 대한 궁금증을 가지고 맞춰 주려는 노력을 많이 하면서, 결혼을 하면 이 모든 관심을 끊어 버리죠. 그 무관심은 부부간에 갈등의 시작이 되는 것입니다."

계속 말을 해 나가는 차수경이었다.

"부부간에 관심이라는 것은 거창하게 생각할 게 아니라, 아주 작고 사소한 일이 쌓여서 좋은 감정, 좋은 감동이 된답니다. 상대가 좋아하고 행복해하는 사소한 행동이나 말이 감동이라는 큰 정서로 이어집니다. 예를 들면, 퇴근하는 길에 장미꽃 한 송이를 사서 아내 분에게 준다면 처음 받아 보는 아내는 왜 이런 거를 사왔냐며 투정 어린 말투로 말은 하겠지만, 속으로는 좋아한답니다. 좋아하는 감정은 그때그때 표현할 수도 있지만, 평소에 상대의 마음을 편하게 해 주려고 한다든지, 그 마음에 대한 감동의 표현 등 여러 가지로 나타날 수 있습니다. 또는 아내가 좋아하는 간식이나 과일을 사 간다거나, 길거리에서 예쁜 액세서리를 산다거나, 저녁 식사 후에 분위기 좋은 카페에서 차를 마시며 대화를 하는 것도 있습니다. 하려고 한다면 너무도 많습니다. 복잡하고 거창하게 돈을 많이 들인 것만이 감동을 크게 주는 것은 아니거든요."

박준성은 알 듯한 표정으로 고개를 끄덕거렸다.

"무슨 말씀인지 알 것 같네요."

묵묵히 듣고만 있던 박준성의 짧은 말 뒤로 차수경이 말을 이었다.

"누군가는 그러더군요. 왜 이런 이벤트는 남자들만 해야 하냐고……. 그런 남자는 하나만 알고 둘은 모르는 소리입니다. 앞에 계신 박 과장님은 아내 분에게 꽃을 선물 받는다면 어떠실 것 같습니까? 물론 싫지는 않겠지만 너무도 좋아서 감동하시나요? 아내가 받은 감동보다는 덜하겠죠. 사람은 감정의 동물이기는 하나, 감동의 느낌이나 깊이가 남녀가 조금은 다르답니다. 여자들은 소소하게 나를 챙겨주고 신경 써 준다는 것에 감동하고, 남자들은 여자들이 믿고 의지함에 감동하겠죠. 같은 상황에서 내 아내의 감동이 크다면 남편이 하는 것이 더 효과적이겠죠."

차수경은 잠시 차를 한 모금 마시고 말을 이었다.

"이러한 감동을 가끔씩 보여 준다면, 사랑한다는 말보다 효과가 아주 좋습니다. 사랑은 표현입니다. 결혼 기간이 늘어날수록 의도적이라도 표현을 해야 합니다. 예전에는 서로가 알아주기를 마음속으로 바라고 표현을 하지 않았지만, 지금은 감정 표현을 상대에게 정확히 해야 합니다. 살면서 내 마음도 잘 모를 때가 있는데, 남의 마음을 헤아려 안다는 것은 쉽지 않습니다. 그래서 내 마음을 상대에게 표현해야 합니다. 그것도 긍정적인 표현을 해야 합니다."

듣고 있던 박준성은 입가에 미소를 지으며 말을 했다.

"정말로 다 맞는 말씀입니다. 알고도 못 한 것도 있고, 무지에서 온 것도 많은 것 같습니다. 저와 결혼한 아내에 대해 너무 몰랐던 것이 많았고 무관심했던 게 갈등의 불씨인 것 같아 미안한 마음이 들었습니다. 얘기를 듣고 보니 제가 아내에 대해 아는 게 많지 않은 것 같습니다. 나의 취미를 이해하고 내가 좋아하는 음식을 해 주는 것이 당연하다고 생각하면서 살았습니다. 또, 아이들을 잘 키워 주는 것도 당연하다는 생각이 밑바탕에 있었던 것 같네요. 당연하다 생각하기 때문에, 그것에 미흡하면 왜 못 하느냐, 왜 못 맞춰 주느냐 비난하기 일쑤였죠. 당연하다고 생각하는 모든 것이 당연하지 않다는 생각이 들었습니다. 참, 반성을 많이 하게 되는군요. 감동, 이벤트는 결혼생활에서 아주 중요하고 필요하다는 것을 알게 되었습니다. 감동은 행복한 부부의 없어서는 안 될 윤활제라는 생각이 듭니다."

차수경은 박준성의 얘기를 듣고 말을 이었다.

"최성애 부부 상담 전문가께서 말씀하신 내용 중에 '정서 통장'이란 말이 있습니다. 말 그대로 정서적 교감이나 좋은 감정, 감동을 살아가면서 저금하듯이 저축하는 것이지요. 상대와 살면서 좋은 감정이 차곡차곡 쌓입니다. 그리고 많이 쌓이다 보면 이자도 많이 붙습니다. 그러다가,

사소한 다툼이나 의견 충돌이 생긴다면 그 정서 통장에서 인출하여 사용합니다. 그래도 상대에 대한 믿음, 존중은 그대로입니다. 왜냐하면 정서 통장에 잔고가 많이 남아 있기 때문입니다. 그리고 정서 통장의 잔고가 많으면 많을수록 가정이나 상대방과의 큰 위기가 오더라도 잘 넘길 수 있습니다."

차수경은 설명을 덧붙였다.

"이러한 정서 통장은 세 번째 과제인 '감동'과 같은 맥락으로 보시면 됩니다. 소소한 감동이 모여 큰 긍정적 감정, 정서가 되기 때문입니다. 긍정적인 정서 교류가 많은 부부들은 결혼 생활의 질이 다를 수 있습니다. 그러나 이런 긍정적인 감동이나 정서가 많지 않은 부부들은 사소한 말다툼에도 쉽게 서로에게 상처를 주고 상처를 받습니다. 그리고 이러한 상황은 계속 반복됩니다. 서로에게 날카로운 발톱을 들이대며, 통장에 쌓이기는커녕 마이너스 통장이 됩니다. 마이너스가 된다는 것은 서로에 대한 이해, 배려가 적어지고 불행, 갈등의 부정적인 감정이 커져 간다는 것입니다. 부부간의 친밀감이 높거나 정서적인 교류가

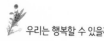
우리는 행복할 수 있을까

좋은 관계에서는 모든 위기와 갈등이 쉽게 해결되고 행복하고 만족스러운 결혼 생활을 유지할 수 있답니다."

박준성은 가만히 듣고서 말을 받아 이었다.

"차수경 씨를 만나기 전에는 모든 잘못을 아내에게 돌렸는데 3주 동안 세 번의 과제를 듣고서 이해하려고 보니, 저 또한 잘못한 부분이 많았다고 봅니다. 그리고 누가 먼저라고 할 것도 없이 먼저 알고 깨닫고 노력하는 사람이 손을 내미는 것이 맞는 것 같습니다. 또한 해결책이 보여서 너무도 뜻 깊은 시간이 되었습니다. 그동안 아내에게도 너무 미안했고요……."

차수경은 함박웃음을 지으며 말을 이었다.

"네, 제 얘기를 잘 이해해 주셔서 저 또한 감사합니다. 서로 다르게 살아온 두 사람이 결혼해서 산다는 것은 매우 힘든 일이지요. 그러나 내가 어떻게 노력하느냐에 따라 결혼 생활은 달라집니다. 보통의 사람들은 결혼을 하면 환상에 빠지곤 합니다. 그러나 그 환상은 2년을 넘기기 힘듭니다. 결혼은 현실입니다. 남녀가 연애 시절에는 상대의 좋은 모습만 보고 보여 주려고 합니다. 결혼을 하게 되면 그러한 환상의 기대치가 높습니다. 그러나 살다 보면 장점이었던 모습도 단점으로 바뀌어 보이고, 그때는 몰랐던 행동, 말투가 갈등의 씨앗이 됩니다. 그러기에 상대를 온전히 보아야 합니다."

차수경은 재차 말을 이어나갔다.

"어떠한 인간도 완벽한 사람은 없답니다. 아무리 장점이 많다 해도 단점은 있습니다. 우리가 친구를 사귈 때 그 친구의 장점을 보며 만납니다. 그러나 그 친구도 분명 단점이 있습니다. 친구의 단점을 보고 만난다면 누구도 친구를 사귈 수 없죠. 그 친구의 좋은 점을 보기에 우리는 계속 친구와의 관계를 유지합니다. 부부 사이도 이와 같습니다. 분명 싫은 점이 있지만, 좋은 점에 집중해야 합니다. 가정은 분명히 편안하고 안락하게 쉴 수 있는 공간입니다. 내가 노력하고 바꾸지 않는다면 지옥이 될 수도 있답니다. 노력 없이는 좋은 결과물이 없듯이……."

세 번째 실천 과제: 감동

감동(이벤트)은 많으면 많을수록

행복한 결혼 생활의 긍정적인 정서 통장이며,

윤활제라 할 수 있다.

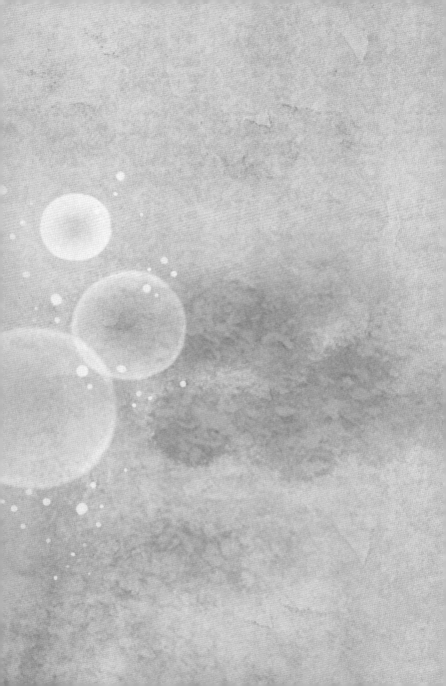

10

누구든지 삶은
계속 이어진다

잠시 이야기를 멈추고 차수경이 무겁게 말을 이었다.

"사실 제가 결혼 생활을 정리하게 된 것은 저의 무지와 고집도 있었죠. 우리나라에서는 이혼한 부부, 특히 여자에게는 주홍 글씨를 씌우죠. 그래서 웬만하면 여자들은 참고 살려고 합니다. 저 또한 그랬어요. 하지만 모든 상황은 점점 더 나쁘게 되어 가고 내 인생 자체를 거부하는 지경까지 가더군요. 그때는 너무도 힘드니까 상대의 마음, 기분이 전혀 보이지 않고 내가 상처 받고 힘든 것만 보이더라고요."

차수경은 잠시 말을 멈추고 물을 한 모금 마시며 말을 이었다.

우리는 행복할 수 있을까

"제가 결혼에 실패한 이혼녀라는 사실을 아는 사람들은 이러한 부부 관계에 관한 상담을 한다는 것에 좋지 않은 선입견을 품고 봅니다. 본인도 실패했는데 누구를 설득하고 이해시킬 수 있겠느냐고 말합니다. 그러나 이혼한 부부는 세상에서 겪을 수 있는 가장 큰 고통 중 하나로 겪고 이혼을 합니다. 저 또한, 이혼이라는 큰 벽을 넘고 긴 시간이 흐른 뒤 마음의 평온을 찾고 나니, '상대의 아픔과 고통도 컸겠구나.'라는 생각이 들었답니다. 큰 아픔 뒤에 성장한다는 말이 이해가 되더군요."

차수경은 작게 호흡을 가다듬으며 말을 이었다.

"결혼은 누구나 하는 것이죠. 좋아하는 상대가 생기면 하게 되죠. 그러나 쉽게 생각하면 안 되는 것이기도 합니다. 결혼 전에 마음의 준비가 철저히 되어야 한다고 생각합니다. 우리는 결혼한 상대에 대해서 완벽할 것 같다고 착각을 합니다. 어떤 상황에서도 자기가 설정해 놓은 상황대로 대해 주기를 원합니다."

"저 또한 완벽한 사람이 아닙니다. 그러기 때문에 실수도 하고 이해하기 어려운 상황이 생기기도 합니다. 우리 모두는 지극히 평범한 인간이기 때문입니다. 자기가 모르는 상대 배우자의 성향이나 생각을 파악하고 인정하면서 결혼한다면 훨씬 편안하고 행복한 결혼 생활이 될 수 있겠죠. 모두들 혼수 준비는 완벽하게 신경 쓰고 준비하면서 정작 살면서 가장 중요한 결혼관이나 생활에 대한 가치관은 아무 준비도 없이 시작한답니다. 그래서 우리나라도 결혼 전에 예비 신랑, 신부에게 혼수와 예물을 준비하듯이 결혼관이나 상대 배우자에 대한 이해를 준비해야 합니다."

"제가 좋아하는 책 중에 김홍신 작가의 『인생 사용 설명서』라는 책이 있습니다. 참 적절한 제목이라고 생각합니다. 새로운 가전제품을 사면 사용 설명서가 들어가 있어서 읽어 보고 사용해야 올바르게 쓸 수 있죠. 우리 인생도 이런 사용 설명서가 필요하답니다. 우리 모두는 처음 살아 보는 인생이기에 미숙하고 실수도 하고 서툴기도 합니다. 두 번 태어난다면 실수 없이 잘 살 수 있을 것 같은데 그것은 불가능하죠. 우리 모두는 태어나고 자라면서 서로에게 상처를 주고받습니다. 그런 상처를 치유할 사이도 없이 또 다른 상처를 갖고 있는 타인과 만나 결혼을 합니다. 그러기에 모범 답안은 없지만, 실수나 실패에 현명하고 효과적으로 대처할 수는 있다고 봅니다."

"그래서 저는 이러한 〈인생 사용 설명서〉를 〈결혼 사용 설명서〉라고 바꿔 봤습니다. 결혼에 대한 내용을 숙지하고 산다면 훨씬 편안하고 행복한 삶을 이어 갈 수 있다고 봅니다. 인간은 부족하고 미약한 존재이기 때문에 끊임없이 배우는 자세가 필요합니다. 부부는 아직 미성숙한 남녀의 만남이기에 서로를 성장시켜 주는 배우자가 인생 최고의 배우자라고 할 수 있습니다."

박준성은 차수경의 말에 진지한 표정으로 듣고만 있었다.

"결혼은 철저한 선택입니다. 우리 모두는 결혼을 필수인 것처럼 생각합니다. 선택이기 때문에, 자신의 선택에 대한 책임, 의무가 따르며 신중하게 생각해야 합니다. 어떤 사람은 마치 결혼을 한 것을 커다란 기득권을 얻은 것으로 착각합니다. 우리가 결혼을 하는 이유는 남들이 다 하는 것이어서 하는 게 아니라, 인간은 혼자 살아가기에는 외로움과 고독을 느끼기에 이 세상에서 유일하게 내 편이 되어 주며, 내 이야기를 진지하게 들어 주고 공감해 주는 오직 한 사람과의 동반자적 만남을 원하기에 하는 것입니다."

차수경은 가벼운 미소를 지으며 말을 이었다.

"일반적으로 결혼에 대한 남녀의 만족도는 차이가 있습니다. 남성은 여성에 비해 결혼 만족도가 높습니다. 제가 생각하는 남녀의 만족도 차이는 기본 성향에 있다고 봅니다. 우리 인간은 동물입니다. 그중에서도 남성이 여성보다는 동물적인 기질이 더 많다고 봅니다. 그래서 결혼한 남자는 종족 보존이 이뤄지고, 의식주가 해결되면 어느 정도 만족도가 해결된다고 봅니다. 그러나 결혼한 여자는 이러한 의식주가 해결되어도 관계에서 행복하지 않으면 결혼에 대한 만족도가 떨어진다고 봅니다. 의식주가 조금 부족해도 사람과의 관계, 공감, 친밀도가 어느 정도 만족되면 결혼 만족도도 올라간다고 생각합니다."

"이러한 남녀 간의 결혼에 대한 인식 차이는 결혼 기간이 늘어남에 따라 갈등과 같은 문제로 나타납니다. 대표적으로 노년의 '황혼 이혼'이 이러한 현상이라고 볼 수 있습니다. 남편은 아내의 돌발적인 이혼 요구에 그 이유를 몰라 황당해합니다. 이렇게 결혼에 대한 만족도는 남녀에게 성격 차이만큼 크답니다."

"결혼 생활은 '여자는 남자 하기 나름이다.', '남자는 여자 하기 나름이다.'라는 말이 있죠. 다 맞는 말입니다. 그러나 특히 여자가 중심을 잡고 가정을 바로 세우려는 노력보다 남자가 중심을 잡고 가정을 바로 세우려는 노력이 가정에서는 더욱 더 필요합니다. 가정에서의 모범이 되어야 한다는 뜻입니다. 대다수의 남자들은 이러한 역할의 힘을 모르고 있습니다. 앞에 말한 내용을 아주 잘 실천하고 살아가는 남편이 있습니다. 연예인인 가수 션이 그 대표적인 남편입니다. TV에서 그가 가족 이야기를 하는 것을 보면 주변의 사람들은 질투 반, 질타 반으로 대합니다. 부러움도 있겠죠. 그러나 그것은 질타 받을 것이 절대 아닙니다."

"대부분의 부부들은 편하다는 이유로 진짜 편하게 대합니다. 편하다는 것은 좋기도 하겠지만, 예의가 없고 무례할 수도 있습니다. 우리가 윗사람에게 예의 없이 행동할 수는 없죠. 부부 관계도 이와 같이 편하면서도 예의 있게 대한다면 결혼 생활에서 생길 수 있는 문제는 많이 줄어들리라 봅니다. 가수 션이 아내를 대하는 마음가짐을 모두가 다 배우고 따라 할 수는 없지만, 그러한 기본적인 자세는 정말로 필요합니다. 행복한 가정을 만들기 위해서는 그만큼 노력이 따라야만 상대 배우자도 노력합니다."

"세상의 이치는 노력한 만큼의 좋은 결과가 있기 마련입니다. 나의 가정, 가족을 위한 노력은 남들과 비교하거나, 남의 시선, 눈치를 보는 것이 아닙니다. 노력의 결과는 행복한 결혼 생활이 되며, 내가 노력한 만큼 상대 배우자도 노력해 주며 존중, 존경도 덤으로 따라옵니다."

잠시 둘 사이에 침묵이 흐르고 박준성은 여러 가지 생각에 잠긴 듯 보였다.

"보통의 남자들은 결혼하기 전에는 잘 대해 주다가 결혼 후에는 달라집니다. '잡은 물고기에 먹이 주는 것 봤냐.'라며 자기 아내를 한낱 물고기에 비유하면서 우스갯소리를 합니다. 아내를 물고기에 비유하면, 본인도 인생의 동반자가 아닌, 격이 떨어지는 일개 낚시꾼에 불과합니다. 부부 중에 이런 상황도 있습니다. 부부 간에 말다툼이나 의견 충돌이 있을 때, 본인은 아직 감정이 남아 있는데, 상대는 어느 순간 잊어버리거나 자고 일어나면 언제 우리가 다퉜냐는 듯 아무렇지도 않게 대하는 사람이 있습니다. 언뜻 보기에 그런 상대는 뒤끝이 없다는 둥, 성격이 좋다고 하며 감정이 남아 있는 상대에게 아직까지 감정이 남아 있느냐며 예민하고 깐깐한 사람 취급을 한답니다."

"내 마음이 소중하다면 상대의 감정도 소중하게 여겨야 합니다. 말다툼의 정도에 따라 다를 수도 있겠지만, 그러한 감정의 앙금을 함께 풀어 가야 합니다. 성격이 좋다고 하는 잘못된 생각은 상대를 더욱더 모나고 부정적인 사람으로 만들 수도 있습니다. 이러한 사람은 너무도 이기적이고, 상대를 배려할 줄 모르는 사람입니다. 보통의 남편들은 부부간의 일을 문제로 인식하지 않습니다. 즉, 문제를 문제로 인식하지 않기에 더 깊은 갈등이 생길 수 있다고 여기지 않습니다. 그리고 문제가 생겨도 인정을 하지 않습니다. 갈등을 문제로 인식하고 인정하는 것만으로도 문제의 반 이상이 풀린다고 볼 수 있습니다."

"서점가에는 부부 관계에 대한 좋은 책들이 많이 있습니다. 다 맞는 말이고 옳은 내용입니다. 그러나 아무리 좋은 내용도 실천이 없다면 아무 소용이 없습니다. 깨닫고 이해하면 실천을 해야 합니다."

차수경은 마무리를 짓듯이 강하면서 부드러운 말로 이

어 나갔다.

"3주 동안 3번의 실천 과제를 드렸습니다. 매주 실천하시려고 노력하시는 모습을 보고 저 또한 흐뭇했습니다. 제가 드린 실천 과제는 거창하고 힘든 내용이 아닙니다. 우리가 알면서도 실천하지 못했던 그런 과제입니다. 인생은 선택과 습관으로 이루어졌다고 합니다. 내가 선택한 것에 집중하고, 타인과 나에게 긍정적인 습관이 지금의 나를 만듭니다. '후회'와 '걱정'은 지나간 과거와 오지도 않은 미래로 발목을 붙잡는 필요 없는 생각입니다."

"과거에 머무르는 후회와 오지 않은 미래에 대한 걱정보다 현재, 지금에 충실한 삶을 가족과 함께 보낸다면 조금 더 풍족하고 행복한 삶을 사실 수 있습니다. 다른 사람과의 관계, 특히 부부 사이에서는 상대가 들어서 싫어하는 말보다 상대가 듣고 싶어 하는 말 , 부드러운 말씨, 대화가 기본이 되어야 합니다. 내가 먼저 실천하는 것이 진리이고, 정답입니다. 그동안 저의 이야기에 집중하시고 들어 주셔서 감사합니다. 박준성 과장님의 노력으로 좋은 가정이 꼭 되리라 믿습니다."

차수경은 박준성과의 긴 대화를 마치고, 둘은 헤어졌다.

박준성은 차수경과의 헤어짐을 뒤로 하고 어둠이 짙게 깔린 거리를 걸어가고 있었다. 그동안 앞이 보이지 않는 희미한 안개 속을 걸어가는 느낌이 들었지만, 지난 3주 동안의 만남으로 조금이나마 실천하려고 했던 것들을 생각하면서 안개가 걷히고 답답했던 시야가 조금씩 환해지는 느낌을 받았다. 살면서 지내온 일상에서 너무도 당연하게 생각했던 것들, 감동 없이 무의미하게 살아온 시간들이 머릿속을 스쳐 지나갔다.

아내에게 아쉬움과 미안한 마음이 들었다. 지나간 시간보다 앞으로 남은 날들이 많다는 것에 새삼 감사하고, 3주 동안의 소중한 경험과 조언들이 헛되지 않게 더욱더 행복하게 살 수 있으리라는 작은 믿음이 생겼다.

박준성은 거리의 꽃 가게에서 아내 경희가 좋아하는 안

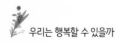

개꽃을 한가득 샀다. 박준성의 밝은 뒷모습이 거리의 인
파 속에 묻혀 멀어져 가고 있었다.

"타인의 말을 깊이 수용하는 사람은

사사로운 잡기나 중독에 빠지지 않는다."

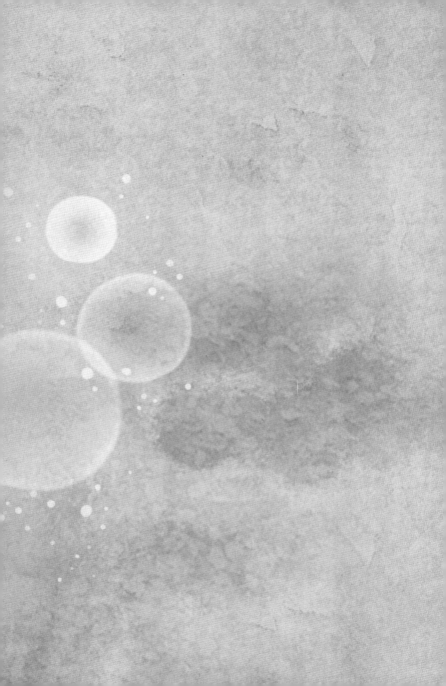

11

광야로
나가자

광야로 보낸 자식 콩나무가 되었고 / 온실로 보낸 자식 콩나물이 되었네

정채봉 시인의 〈콩나무와 콩나물〉이란 아주 짧은 시다. 비록 몇 줄에 불과한 시지만 강렬한 메시지가 전해진다. 똑같은 콩이었건만 어디에서 자라느냐에 따라 전혀 다른 모습으로 성장한다는 짧은 시를 통해 환경을 되돌아보게 된다.

흔히 온실 속에 자란 화초 같다는 표현을 쓴다. 온실이 어떤 곳인가. 적정 온도와 수분 등 식물이 잘 자랄 수 있

는 환경을 인위적으로 조성해 놓은 곳으로 언제나 늘 평온함이 감도는 곳이다. 온실에서는 강하게 내리쬐는 햇볕도 조절되고, 돌풍같이 불어닥치는 바람도 막아줄 수 있다. 식물의 입장에서는 아주 편안히 쉽게 자랄 수 있는 곳이다.

그러나 들에 핀 야생화를 보면 그들의 삶은 곤고하다. 들판에서 자라는 야생화는 뜨거운 햇볕도 온몸으로 감당해 내면서 온갖 비바람도 홀로 감내해야 한다. 게다가 누구 한 사람 자신을 귀하게 여기지도 않는다. 자기 스스로 알아서 자라야 하므로 피곤한 인생이다. 하지만 그들이 똑같은 조건에 놓이게 되었을 때 운명은 갈라진다. 좋은 환경에서 보호받고 자란 온실 속 화초가 야전으로 옮겨지면 하루도 지나지 않아 죽어 버린다. 반면 야전에서 자란 야생화는 온실 속에서도 적응을 잘하며 버틴다. 결국 광야로 보낸 콩의 자식은 콩나무가 되어 훨훨 하늘 높이 클 수 있었지만 온실로 보낸 콩의 자식은 콩나물밖에 되지 못하는 것이다.

어린 시절의 일이었다. 한여름 내내 벌레에 꽂혀 여기저기 산으로 들로 돌아다니며 벌레를 잡곤 했었다. 그때도 나비가 참 많았었는데 어린 나이에도 애벌레에서 번데기로, 번데기에서 나비가 되어 날아간다는 자연의 이치가 참으로 신기하게 느껴졌던 것 같다. 때마침 내 눈에 들어온 것이 있었으니 오랜 인고의 시간을 버티고 있는 번데기였다. 가만 보니 배추나비의 번데기였다. 가뜩이나 호기심이 충만했던 때라 매일같이 산으로 올라가서 내가 찍은 번데기의 변화를 살펴보았다.

그러던 어느 날, 역시 기다린 보람이 있었다. 드디어 번데기가 허물을 벗고 나비로 태어나려는 순간을 포착한 것이다. 허물을 벗고 나온 나비는 과연 속살이 눈부시게 희었다. 숨이 막힐 듯 그 광경을 지켜보며 "그래 조금만 더 조금만…"을 외쳤다. 사실 그때까지만 해도 허물을 벗으면 곧바로 훨훨 날아다닐 줄 알았는데 그렇지 않았다. 날개가 접혀져 나온 나비는 끊임없이 움직이며 날개를 조금씩 폈다. 그 시간이 어찌나 길고 답답하게 느껴지는지 지켜보는 나는 그만 숨이 넘어갈 것 같았다.

"에잇, 성질 급한 사람은 숨넘어가겠다. 야, 내가 도와줄게."

성질 급했던 건 아마 그때부터 그랬나보다. 나는 어렵게 날개를 펴고 있는 나비를 손에 얹고 친절하게도 차곡차곡 날개를 펴 주었다. 혹시 아플까봐 살살, 호호 불어주기도 하면서. 그 나비는 날개를 펴고 창공을 날아갔을까? 아니었다. 나의 정성에도 아랑곳하지 않고 하늘 한 번 제대로 날아보지 못한 채 죽어 버렸다.

충격이었다. 살아있는 생명에게 도움을 주었건만 죽음을 맞이했다는 건 상처가 되었다. 그런데 얼마 뒤, 나는 내가 얼마나 큰 잘못을 했는지 알게 되었다. 이 사실을 선생님께 털어놓으니 선생님은 이런 말씀을 하셨다.

"나비가 날기까지 얼마나 노력을 해야 하는지 몰라.

번데기에서 나비가 될 때 끊임없이 움직이면서 날개를 펴
야 하는데 그 고난의 과정 속에서 몸에 기름이 나오게 되
고 비로소 날 수 있게 되는 거야. 그런데 넌 나비에게 어
려움을 극복할 수 있는 기회를 주지 않은 거야."

그제야 알았다. 어려움을 극복하는 시간도 생명에게 주
어진 권리라는 것을.

편한 것을 추구하는 세상이 되었다. 버튼 하나로 원하
는 것이 집까지 배달되고, 전화 한 통으로 서울에서 아프
리카까지 큰돈이 송금되는 세상이다. 그러나 그런 때일수
록 어려운 환경에서 도전할 수 있는 시간을 경험해 보는
것이 좋다. 어려움을 알아야 편한 것의 소중함을 알 수 있
고, 어려움의 시간을 통해 갖춰진 야전 경험이 커다란 자
산이 될 수 있기 때문이다.

그러므로 현재 광야에 버려진 채 있다고 생각될 때 기
뻐해야 한다. 광야란 곳에서 치열하게 생존 법칙을 터득

하며 더 큰 콩나무로 성장하고 있기 때문이다. 물론 광야
엔 바람막이도 없고 햇볕을 차단할 차단막도 없다. 차갑
고 시리고 불편하다. 하지만 훨씬 자유로울 수 있다. 온실
속의 작은 땅덩어리에 비해 활동 반경은 무한하다. 기꺼
이 야전을 선택할 때 얻게 되는 것은 자유와 무한한 가능
성인 것이다.

이해와 배려를 통한 감동으로 우리는 행복할 수 있습니다!

권선복
(도서출판 행복에너지 대표이사, 한국정책학회 운영이사)

결혼이란 오랜 세월을 서로 다른 환경에서 지내던 두 사람이 서로 이해하고 배려하며 살아가는 삶입니다. 숙고하여 신중하게 치른 일인 만큼 많은 사람들이 배우자와의 행복한 삶을 꿈꾸게 됩니다. 그러나 요즘 이혼을 하는 부부가 점점 늘어나고 있습니다. 행복이 오래 가지 못하고 사소한 문제가 쌓여 끝내 터져버리는, 불행하고 안타까운 일입니다.

『우리는 행복할 수 있을까』는 결혼 후 소원해지는 부부

 우리는 행복할 수 있을까

관계와 사소한 것에서 발전하는 이혼의 원인을 점검하고, 나아가 그 해결책을 제시해 주는 책입니다. 특히 남편에게서 자주 나타나는 이런 문제점을 콕콕 집어 설명합니다. 부부관계 상담사이면서 이혼녀인 차수경의 입을 빌려 제시하는, 여성이 바라는 남편의 이해와 배려를 말합니다. 시종일관 먼저 손 내밀기, 먼저 다가가기를 통해 관계를 개선할 수 있음을 역설합니다.

결혼은 한 사람의 독선적인 지휘나 일방적인 복종으로 이루어지지 않습니다. 인생에서 가장 긴 시간을 함께할 서로의 배우자를 이해하고 행복을 찾아가는 과정이며, 행복 그 자체가 되어야 합니다. 중년의 가부장적인 남편이었던 박성준 과장, 그런 그에게 남편의 적극적인 실천을 독려하는 상담사 차수경. 이 두 사람을 따라가며 실천하다 보면 여러분의 가정도 행복과 긍정의 에너지가 넘쳐 더욱 화목해질 수 있으리라 믿습니다. 그렇게 이 책을 읽는 모든 독자분들의 삶에 행복과 긍정의 에너지가 팡팡팡 샘솟으시기를 기원드립니다.

하루 5분 나를 바꾸는 긍정훈련
행복에너지

'긍정훈련'당신의 삶을 행복으로 인도할 최고의, 최후의'멘토'

'행복에너지 권선복 대표이사'가 전하는 행복과 긍정의 에너지, 그 삶의 이야기!

권선복

도서출판 행복에너지 대표
지에스데이타(주) 대표이사
대통령직속 지역발전위원회
문화복지 전문위원
새마을운고 서울시 강서구 회장
전) 팔팔컴퓨터 전산학원장
전) 강서구의회(도시건설위원장)
아주대학교 공공정책대학원 졸업
충남 논산 출생

인터파크 자기계발 분야 주간
베스트 1위

권선복 지음 | 15,000원

책 『하루 5분, 나를 바꾸는 긍정훈련 - 행복에너지』는 '긍정훈련' 과정을 통해 삶을 업그레이드하고 행복을 찾아 나설 것을 독자에게 독려한다.

긍정훈련 과정은[예행연습] [워밍업] [실전] [강화] [숨고르기] [마무리] 등 총 6단계로 나뉘어 각 단계별 사례를 바탕으로 독자 스스로가 느끼고 배운 것을 직접 실천할 수 있게 하는 데 그 목적을 두고 있다.

그동안 우리가 숱하게 '긍정하는 방법'에 대해 배워왔으면서도 정작 삶에 적용시키지 못했던 것은, 머리로만 이해하고 실천으로는 옮기지 않았기 때문이다. 이제 삶을 행복하고 아름답게 가꿀 긍정과의 여정, 그 시작을 책과 함께해 보자.

『하루 5분, 나를 바꾸는 긍정훈련 - 행복에너지』